Les meilleures blagues de
Michel
BEAUDRY

★ ★ ★ ★ ★ ★ ★ ★ ★ ★ ★ ★ ★ ★

Catalogage avant publication de la Bibliothèque nationale du Canada

Beaudry, Michel

    Les meilleures blagues de Michel Beaudry

    (Collection Humour)

    ISBN 2-7640-0877-5

    1. Humour québécois. 2. Mots d'esprit et jeux de mots. I. Titre. II. Collection: Collection Humour (Éditions Quebecor).

PN6178.C3B424 2004   C848'.602   C2004-940884-4

LES ÉDITIONS QUEBECOR
7, chemin Bates
Outremont (Québec)
H2V 4V7
Tél.: (514) 270-1746
www.quebecoreditions.com

©2004, Les Éditions Quebecor
Bibliothèque nationale du Québec
Bibliothèque nationale du Canada

Éditeur: Jacques Simard
Coordonnatrice de la production: Dianne Rioux
Conception de la couverture: Bernard Langlois
Photo de l'auteur: Michel Gagné
Révision: Jocelyne Cormier
Correction d'épreuves: Francine St-Jean
Conception graphique: Jocelyn Malette
Infographie: Claude Bergeron

Nous reconnaissons l'aide financière du gouvernement du Canada par l'entremise du Programme d'Aide au Développement de l'Industrie de l'Édition pour nos activités d'édition.

Gouvernement du Québec — Programme de crédit d'impôt pour l'édition de livres — Gestion SODEC.

Imprimé au Canada

Les meilleures blagues de
Michel
BEAUDRY

★ ★ ★ ★ ★ ★ ★ ★ ★ ★ ★ ★ ★ ★ ★

LES ÉDITIONS
Quebecor
QUEBECOR MEDIA

Mot de l'auteur

Si vous avez ce livre entre les mains, déjà, je vous aime et je vous le dédie.

Et si jamais vous ne comprenez pas certaines blagues, ne vous en faites pas. Moi non plus, je ne les comprends pas.

Pourquoi ne rions-nous qu'avec des voyelles et des «h» aspirés...

Ah, ah, ah!
Euh, euh, euh!
Hi, hi, hi!
Oh, oh, oh!
Uh, uh, uh!
Y... oups!

Michel

Préface

Michel ne l'a pas connue. Elle est née en 1880 et morte en 1958. Michel avait à peine un an lorsqu'elle nous a quittés. Elle s'appelait Marie-Louise. C'était ma marraine. C'était aussi notre grand-mère Beaudry. Une bonne vieille toute ridée avec des cheveux blancs, une voix douce et de grosses veines bleues en relief sur ses mains d'albâtre. Une femme attentionnée, prévenante. Une femme qui avait trimé dur. Après lui avoir fait trois enfants, en 1900, mon grand-père était parti travailler au lac Supérieur. Il avait ensuite poussé l'éloignement jusqu'en Colombie-Britannique. Il y est resté quatorze ans. Il était capitaine de cargo, là-bas. La vie qu'il a menée dans la province du Pacifique demeure un pur mystère. Il est cependant revenu. Ma grand-mère l'a repris avec elle, et il lui a fait trois autres enfants. C'est ce qui explique les vingt-cinq années de différence entre la plus vieille, Germaine, et mon père, Roger, le petit dernier. C'est le seul qui s'est marié et qui a eu des enfants. Les autres sont morts célibataires. Quant au grand-père, d'instable qu'il avait été, il était devenu, paraît-il, après son retour, un époux et père exemplaire.

Peu commun, n'est-ce pas? Peut-être l'originalité de cette situation familiale est-elle en cause, toujours est-il que cette famille était dotée d'une rare animation, et une formidable solidarité finissait toujours par avoir raison des conflits et des joutes verbales qui secouaient parfois le domicile. Et là où cette solidarité se nouait le plus, c'était dans la satire. Quiconque mettait les pieds dans cette maison avait l'assurance, une fois parti, d'être l'objet des pires moqueries. Tout le monde se partageait les tâches: ma grand-mère imitait la démarche du visiteur ou de la visiteuse, tante Germaine en caricaturait les paroles, et les autres, Léo, Germain, Jacques et Roger, faisaient des tics et travers des intrus un inventaire où ils puisaient copieusement toute leur inspiration pour lancer blagues par-dessus blagues. Les gouailleries fusaient de toutes parts. C'était un feu roulant. Et le chef de file de ce cirque railleur était ma grand-mère Beaudry.

Michel ne l'a pas connue, mentionnais-je plus haut. Mais il a ses gènes. Toutes les personnes qu'il connaît, rencontre et qui présentent des manies, des tics, des travers et des caractéristiques physiques amusantes peuvent avoir la certitude qu'elles seront caricaturées, aimablement si elles sont sympathiques, et durement si elles sont bêtes, bornées ou sottes.

Si, du côté paternel, Michel a hérité de la veine persifleuse, le côté maternel l'a doté d'une lance verbale vive et acérée. Quiconque a travaillé avec les Durand le sait: trois mots suffisent à vous visser au mur. Mais ils n'étaient pas que lapidaires. Dans les bonnes années, chez les Durand, une journée ensoleillée, quelques amis et une caisse de vingt-quatre, c'était suffisant pour démarrer un party. Voilà pour les antécédents familiaux.

Si Michel est drôle, divertissant, le sang qui coule dans ses veines y est pour quelque chose. Mais s'il a su devenir l'humoriste qu'on connaît, s'il a atteint la réus-

site et la renommée, il ne le doit qu'à lui-même. L'hérédité, le talent, les bonnes occasions, bien des gens en bénéficient. Mais ce ne sont que des conditions de départ. Le reste est affaire de travail et d'acharnement. Bien malin qui pourrait prédire à vingt ans ce qu'il fera dans la quarantaine. Avec Michel, ça aurait été du délire. Il est peu redevable à l'école. Il a tout appris par lui-même. Les expériences hétéroclites qu'il a vécues dans le monde des médias lui ont tenu lieu d'université. Il a été reporter à la radio, préposé à la circulation, lecteur de nouvelles et reporter sportif à la télé, puis à la radio. Il a même été patron d'une salle de nouvelles. Des expériences, en général, qui mènent à tout, sauf à l'humour. Faisant un magnifique pied de nez aux clichés carriéristes, il a tout chambardé et s'est amené au micro d'une émission matinale, puis sur scène, puis un peu partout dans les médias pour se retrouver aujourd'hui avec une colonne dans le *Journal de Montréal*. Quiconque tente de suivre un tel individu devient girouette ou porte battante.

Michel sait écrire. Il n'a pas puisé cette aptitude chez les grands auteurs. Il l'a développée tout seul. Sa méthode est empirique. Tu veux apprendre à nager? Eh bien, jette-toi à l'eau et nage! Sa colonne est là pour durer, et ce, pour une raison toute simple: Michel est attachant et il est aimé. C'est qu'au-delà de son talent, de ses aptitudes, il possède une qualité qui vaut toutes les vertus: une générosité remarquable. Il doit avoir une main robuste, car le cœur qui repose dessus est d'une grandeur impressionnante.

Jacques Beaudry

Je ne veux influencer personne

Il faut que vous sachiez que j'ai des données que je garde secrètes et qui pourraient vous intéresser. Mais je suis quand même très mal placé pour vous dire qu'il est prouvé que lire cette chronique tous les jours augmente la libido, prolonge la vie et diminue les risques de congestion sur les routes. Je ne le ferai pas. Il est aussi démontré que la lecture de cette unique portion de page fait maigrir, efface les rides et peut même faire repousser les cheveux et certaines dents. Seulement quelques lignes, tous les jours, éliminent le tartre, durcissent les ongles et protègent la peinture contre le soleil et les intempéries. Sachez également que même si vous lisez Beaudry tous les jours, peu importe votre âge, personne n'ira chez vous ni ne vous téléphonera pendant le souper.

Le seul emploi où tu commences par le haut,
c'est quand tu creuses un trou.

Impossible dans la vie d'avoir toujours tort.
Même une horloge arrêtée a raison deux fois par jour.

La patte de lapin porte chance?
Parlez-en donc au lapin qui l'avait.

Hier, il faisait −20°. J'ai oublié ma tuque et
j'ai compris ce que voulait dire «front froid».

Nouveau jeu pour que tout le monde gagne:
pile et face.

Il y a de plus en plus de monde qui vole
de l'essence à la pompe. C'est drôle parce
qu'il y a aussi de plus en plus de pompes
à essence qui volent le monde.

Raël affirme avoir trouvé la formule
pour arrêter le vieillissement. C'est plausible
venant de quelqu'un qui a huit ans d'âge mental.

Mauvaise surprise pour les Américains qui achètent
la figurine de George W. Bush.
Les piles et la tête sont vendues séparément.

Les fonctionnaires s'opposent à la semaine
de quatre jours: «Il est hors de question
que nous travaillions une journée de plus!»

L'argent ne fait pas le bonheur, mais le bonheur
n'ira pas au motel avec toi si tu n'as pas d'argent.

Le problème au Québec, c'est que nous avons
des voitures de demain qui roulent
sur des routes d'hier.

La plus grande surprise d'Hillary Clinton fut
à son mariage lorsque Bill est arrivé accompagné.

Je m'excuse d'avoir dit que le homard goûtait
le caoutchouc. À l'avenir, j'enlèverai les élastiques.

Lorsque Paul Martin était petit,
sa mère lui lisait toutes sortes de contes:
des contes courants, des contes d'épargne.
Il écoutait avec beaucoup d'intérêt.

Je connais un gars qui faisait l'amour tellement
mal qu'il a déjà été hué par un voyeur.

Si, en dormant, je rêve que je dors,
est-ce que je dois me réveiller deux fois?

Le garagiste a inspecté ma voiture au complet
et il m'a dit que le problème, c'est la batterie.
Elle a besoin d'un nouveau char.

Les castors ont fait un gros barrage au bout
du lac Saint-Jean. Ils ont «pogné» trois gars chauds.

Ce que les soldats américains devraient
tirer en Iraq, c'est leur révérence.

Le dépanneur Wong de la rue Hochelaga
organise une soirée retrouvailles pour tous ceux
qui l'ont volé en 2002.

Monsieur Jean Coutu redevient pharmacien.
Mais c'est juste le temps de se trouver un ami.

.iom rus ecneulfni'l ed tneia drassorB
ed sionihC sel euq sap siorc en eJ

À Radio-Canada, je voulais regarder *La facture,*
mais je suis arrivé trop tard.
C'est *Le reçu* qui commençait.

Au monsieur qui s'est cassé une jambe
en ramassant les feuilles: «Pourquoi n'attendez-vous
pas qu'elles tombent de l'arbre?»

En démocratie, la majorité a toujours raison,
mais est-ce que la raison a toujours la majorité?

Pourquoi pas des ponts avec péages
où on ne paierait rien avant un an?

Suggestion de Brault & Martineau

Selon Statistique Canada, le Québec domine pour
l'alcool, le tabagisme et le jeu. Mentions honorables
à Éric Lapointe, Pierre Falardeau et René Angélil.

Le magazine *Adorable* retire ses textes
qui enseignaient l'érotisme (dont les techniques
de fellation) aux jeunes filles. La ville de Québec
n'a jamais été frappée aussi durement.

Quand ma femme voit rouge, je vire à droite.

Fonction des doigts

Le pouce: pour voyager.
L'auriculaire: pour gratter dans l'oreille.
L'annulaire: pour porter l'alliance.
L'index: pour pointer.
Le majeur: pour saluer l'impôt.

Attention, les circoncis!
Y a quelqu'un qui voulait votre peau.

Connaissez-vous l'histoire de la souris
qui s'est fait un sac de couchage avec un egg roll?
Elle demeure boulevard Taschereau,
à Greenfield Park, juste à côté de la coquerelle
qui s'est fait un spa avec une soupe won-ton.

Si Youppi va chez les aveugles, est-ce qu'il se déguise?

Vous avez lu ça? Trois cent cinquante-deux
prêtres vicieux rabroués par l'Église catholique
américaine. C'est qui le comique
qui met du Viagra dans les burettes?

Le gouvernement fédéral fait bien
de se préoccuper de nos fonds marins.
C'est là que se retrouvent nos dollars.

Pour l'enregistrement des armes,
est-ce que les couteaux Starfrit, ça compte?

Une maman inquiète

Je ne sais pas si c'est mon «set» de pneus
ou si c'est la route, mais il y en a un
des deux qui glisse.

Si on mettait bout à bout tous les abris Tempo
de Brossard, on pourrait aller en Abitibi au sec, et ce,
en passant par Alma. (Je disais ça pour niaiser mais,
dans le fond, c'est une idée, ça!)

Il y en a qui ont des trucs pour faire disparaître les taches. Parlant de taches, moi, j'ai mon beau-frère. Deux bières, et la tache est disparue.

Mulroney avait réussi à faire accepter le principe du libre-échange aux Canadiens parce qu'ils pensaient qu'il était inclus dans le *deal*.

Nouveau sur le marché pour ceux qui trouvent que l'intérieur en cuir de leur char sent bon.

Un petit sapin qui sent rien.

Un des gros mensonges de la décennie appartient à ceux qui nous ont fait croire que la courbe sur le pont Jacques-Cartier, à Montréal, avait disparu.

Les compagnies de bière nous disent de ne pas boire; Loto-Québec nous dit que le jeu est dangereux; Urgel Bourgie nous dit de conduire prudemment. Ne soyez pas surpris si un club échangiste vous propose bientôt des conférences sur la chasteté.

Calembours

Chaque année, il va en voyage à Cuba et, chaque année, il revient avec sa fidèle gastro.

Il y a des problèmes d'alcool en Afrique du Sud depuis que le Zimbabwe...

Les Raëliens seraient en train de produire un autre Séraphin d'après un texte de Clone-Henri Grignon.

En montant dans son traîneau, le père Noël se serait blessé au bas de l'aine.

Montréal ne doit pas perdre le Festival des Films du Monde. Un choix losique.

Claude Julien voudrait que l'attaque Saku sa léthargie. Pour ce qui est de la défensive, il a le Souray aux lèvres.

J'avais un abri Tempo et je l'ai vendu. Aujourd'hui, je regratte.

En France, j'ai vu la tour Eiffel. En Italie, j'ai vu la tour de Pise. J'ai hâte d'aller au Mexique pour voir la tour Ista.

Faites-moi une phrase avec «mitaine». *Love me tender.*

Si *Playboy* a été publié pendant 50 ans, c'est parce que ça a toujours été un bon maga-zigne.

Les imitateurs de vedettes dans le village gai exagèrent. Alanus Morissette, franchement...

Un lointain parent de Michael Jackson aurait agressé un mineur à Asbestos. L'affaire s'est réglée à l'amiante.

Le marquis de Sade serait mort de pierres au fouet.

J'ai eu un rapport sexuel, un rapport de police
et un rapport après avoir mangé. Gagliano
me donnerait combien pour ces trois rapports?

Croire qu'Ottawa va mettre de l'argent
dans notre système de santé?
Non mais, faut être malade!

Les ministres ne laisseront plus tourner le moteur
de leur limousine pendant qu'ils en sont absents.
Ça fait drôle de voir la fumée de la bagnole sortir
à plein tuyau pendant toute l'heure du lunch,
alors que le ministre et ses collègues se gavent
dans la section non-fumeurs.

Depuis juillet 2003, il est interdit de fumer au Casino.
En fait, vous n'avez le droit d'y brûler que votre paye.

La grosse mode aujourd'hui pour les gars,
c'est de baiser les femmes sans avoir d'enfant.
Pour les évêques de Boston, c'est l'inverse.

La bière est bonne pour les os.
C'est pour cette raison que lorsqu'on prend
une bonne cuite, marcher à quatre pattes
n'entraîne aucune douleur.

Jacques Villeneuve est à Montréal.
Il me semblait que le trafic était lent
depuis une couple de jours.

Certains se demandent comment il se fait
que Jean Charest soit passé du Parti
conservateur au Parti libéral. C'est simple:
il ne faut pas mettre le Charest devant les bleus.

Arrêtez de dire aux jeunes filles de Québec
qui ont froid qu'elles doivent s'enfiler un gilet.

C'est-tu nommmal que quand que z'ai souffloé
dans l'affaère de l'alcotwist à sortie du bar,
z'ai pogné une partie gratis?

Dans son nouveau *Rocky VI*, Sylvester Stallone
va encore gagner, et cette fois contre l'arthrite.

Lorsque l'équipe de *Notre-Dame de Paris*
est allée aux États-Unis, les douaniers ont trouvé
un Cubain caché dans la bosse de Quasimodo.

Jacques Villeneuve commence à écrire
des chansons. S'il en compose une sur son char,
est-ce que ce sera un *slow*?

Pour ce qui est des augmentations
tarifaires chez Bell, disons qu'il n'y a pas trop
de mises en attente. Hum!

Il y a trois sortes de mensonges:
le petit mensonge, le moyen mensonge
et les cotes d'écoute à la radio.

Les plus heureux du retour de la planche à neige:
les centres de ski, les planchistes et les chiros.

On a tenté de cloner Michael Jackson.
Résultat? Un sac à main *off-white* en fausse cuirette.
Pas loin, quand même.

Le maire Tremblay n'en revient pas de l'attitude
arrogante du président George W. Hussein
dans le dossier des Irak-Unis.

Franchement, pas fort le maire Tremblay.
Mélanger les Expos avec les Alouettes.
Faut pas connaître son hockey.

Pierre Bourque

J'ai vu *Un homme et son péché* en 3D. Illusion parfaite.
Séraphin a sacré le camp avec ma Visa.

Avis à la blonde de Pierre Lebeau:
Mettons que tu t'ennuies de ton chum,
va au club vidéo et loue *Les dangereux,
Un homme et son péché, Les boys 1, 2* et *3, Matroni
et moi,* tout ça, bien sûr, après avoir regardé *Fortier.*

Sortie d'un film sur un avare en informatique:
Un homme et son PC.

Depuis le temps que les Expos vont disputer
des matchs à Porto Rico, Youppi a enfin décidé de
changer son pompon pour un G-string.

Le gouvernement devrait envoyer plus d'argent
dans les hôpitaux, ne serait-ce que pour
qu'ils renouvellent les revues à l'urgence.

Un party de bureau dans un club échangiste ressemble
beaucoup aux partys de bureau conventionnels,
sauf qu'eux, ils commencent par la fin.

J'ai acheté un appareil d'entraînement et je l'ai choisi
parce que, sur la boîte, c'était écrit «facile à monter».
Ils n'avaient pas tort. Après deux heures,
je l'ai monté au grenier et il va rester là.

«Boutros Boutros Ghali, Zsa Zsa Gabor, Chi Chi
Rodriguez. C'est quoi, leur problème, eux autres?
Ils mangent du demerara ou de l'alfalfa?»

Michel Michel Beaudry

Conseil du bricoleur. Vous n'avez plus de clous
à la maison? Prenez du Botox, formule antirides,
et mettez-en sur une vis.

À quel temps arrivent la fête de Dollard,
la fête de la Reine et la fête des Patriotes?
Voyons. À temps double!

Un col bleu

Si vous pensez que vous n'avez pas de colonne,
allez faire de la planche à neige une journée.

Des nouvelles de Pierre Lalonde:
«Ça ne me dérange pas qu'on fasse
revivre mon fan club,
mais je ne veux pas voir de membres.»

75 % des amateurs de hockey veulent
la fin des bagarres. Il est vrai que dans les bagarres,
c'est la fin qui est la meilleure.

Où les escargots sont-ils les plus rapides?
Entre la bouche et l'estomac.

Définitions

Chandail: vêtement que doit porter un enfant quand sa maman a froid.

Auto-stoppeuse: jeune fille, jolie et court vêtue, se trouvant sur votre route alors que vous êtes avec votre femme.

Économiste: expert qui saura demain pourquoi ce qu'il a prédit hier n'est pas arrivé aujourd'hui.

Chasseur: un homme qui tire à sa faim.

Flatulence: éternuement dans des sous-vêtements.

Danse: frustration verticale d'un désir horizontal.

Jury: douze personnes qui cherchent à savoir qui de l'accusé ou de la victime a le meilleur avocat.

Trappeur: un tueur à cage.

Publi-Sac: sac de papier que l'on publi-sacre aux poubelles.

Chapeau: l'homme le porte pour se couvrir la tête;
le mendiant l'utilise pour quêter;
le politicien parle à travers.

Secret: information confiée à une seule personne à la fois.

Autobus: véhicule qui roule deux fois plus vite lorsqu'on court après que lorsqu'on est dedans.

Vedette: personne qui travaille toute sa vie pour être reconnue et qui porte ensuite des lunettes fumées pour ne pas être reconnue.

C'est épouvantable le taxage dans les écoles.
Mais je trouve que celui des Parlements est pire.

Dans une Honda Civic rouge, au centre-ville,
je croyais enfin avoir trouvé un «kid» avec la casquette
à l'endroit. Mais non, il reculait.

Si on cherche un nouvel endroit pour le concours
Miss Monde, ben… vous savez, pour dépanner,
dans mon sous-sol à Brossard,
en tassant les meubles, on peut s'arranger.

Normal que les vésicules biliaires des ours
soient un aphrodisiaque. Ça fonctionne sur eux,
en tout cas. Ils sont toujours à poil.

Les lutteurs sumo se rasent les jambes
pour ne pas qu'on les confonde
avec les féministes de l'Ontario.

Trois grands titres de nos journaux à potins:
Céline Dion triomphe à Paris; Claudette Dion triomphe
à Lavaltrie; Maman Dion triomphe à l'épicerie.

L'ADQ n'aurait jamais dû rejeter son candidat,
Marc Snyder, parce qu'il avait déjà fait
un vol à main armée. Il aurait pu devenir
un excellent ministre du Revenu.

Comble du voyeurisme: observer Mitsou,
toute nue, avec les yeux de Jean-Luc Mongrain.

Je pense qu'il fait trop chaud dans le bureau.
Ma blonde met son G-string pour aller «chatter».

Manque de travail, sans doute:
les Grands Ballets Canadiens
offrent maintenant des danses à dix.

Un soutien-gorge? Habituellement,
quand il est à la hauteur de la gorge,
il ne soutient plus grand-chose.

Un coffre à gants…,
on ne met jamais nos gants là-dedans.

Un trente sous. Celui qui a inventé cette expression
pour la pièce de 25 cents ne savait pas qu'un jour
il ne vaudrait même plus cinq «cennes».

Un feu de circulation: le seul feu sans fumée.

Pourquoi appelle-t-on «passage à niveau»
un passage où il y a une pente chaque côté?

Prenons la punition au hockey «pour avoir cinglé».
Mettez le verbe être au lieu du verbe avoir,
et c'est plus juste.

Bienvenue au facteur vent qui est venu remplacer
le facteur humidex pour l'hiver.

J'en ai parlé avec Carole et c'est décidé:
moi aussi, je vais écrire ma biographie non autorisée.

Les inspecteurs de l'ONU à Bagdad croyaient
avoir trouvé des éléments radioactifs, mais ils ont
réalisé qu'ils étaient en arrière d'un resto Kentucky.

Jouant au hockey dans ma rue, hier, à Brossard,
il y avait quatre Québécois, deux Chinois,
deux Vietnamiens, un Japonais, un Coréen et
deux sikhs. S'ils avaient décidé de chanter
les hymnes nationaux avant le match,
la rencontre aurait commencé le lendemain.

À Boston, des prêtres offriraient
aux jeunes des confesses à «dix».

Le dernier voyage de la gouverneure générale
dans les pays du nord de l'Europe nous a coûté
cinq millions. La dernière visite de la reine nous a
coûté sept millions. Des dépenses royales qui ont
le don de nous faire utiliser le *Facelle Royale*.

C'est épouvantable ce que Gilbert Rozon a fait en
trouvant des jeunes garçons pour Charles Trenet.
Il devrait aller se confesser à Boston. (Apporte des
photos, Gilbert, tu n'auras pas de pénitence.)

La seule chose qui me répugne dans tout
ce qui entoure la sortie du beaujolais nouveau...
c'est le beaujolais nouveau.
Comment avoir mal à l'estomac sans forcer.

Autre scandale à Buckingham: une prostituée
voulait se faire un soutien-gorge
avec les oreilles du prince Charles.

Dépêchez-vous, *Aux commandes du destin*,
le livre du commandant Piché, s'envole vite.

La Société de l'assurance automobile
du Québec rejoint l'opinion de Mario Lemieux:
il y a trop d'accrochages.

Quand Michael Jackson a appris qu'on le poursuivait
pour vingt et un millions, vous auriez dû lui
voir tomber les trois faces.

Bon! L'hiver qui revient. Souhaitons la bienvenue
au gars de la charrue qui pacte mon entrée, à la pelle
sur laquelle la neige reste collée, à l'essuie-glace
coincé dans la glace, aux nez qui coulent, aux gants
trop courts et aux bas collants qui cachent les belles
jambes. Eh que c'est l'fun, l'hiver!

Hier, j'ai eu un coup de fil de saint Pierre au paradis.
Charles Trenet n'est toujours pas arrivé.
Le sexe des anges l'inquiète.

On ne peut pas prendre de la coke
et conserver sa ligne.

Costco va vendre des autos. Formidable,
mais faut-il acheter les bagnoles en paquets de six?

Lu sur une affiche de salon de massage de Laval:
«Ici, on masse et on turbe.»

Au supermarché du quartier gai, les pains baguette
sont à côté des pains fesses.

Les Bandidos, c'est pas des bandits.
Pas plus que les Criminellos,
les Assassinos ou les Cambriolos.

Erreur de l'architecte?

Pourquoi tout ce qui est excitant et palpitant est interdit ou mauvais pour la santé? Fumer, prendre un petit coup, manger du steak cuit dans du beurre noir, baiser avec sa voisine, passer une nuit blanche au casino, déguster une généreuse poutine avec deux hamburgers saignants, niaiser les autorités ou aller déjeuner aux danseuses sont toutes des activités que le bon Dieu a placées dans la colonne de gauche. Pourquoi la bière n'a-t-elle pas les bienfaits du brocoli? Les enfants aimeraient tout autant un spectacle d'Annie Molson Dry. C'est plate, ça, qu'une petite vite avec une personne que l'on trouve mignonne puisse coûter la moitié d'une maison et d'un fonds de pension. Pourquoi n'est-ce pas la maudite luzerne qui donne le cholestérol et qu'une bonne frite sauce ne serait pas celle qui est bénéfique pour la peau et les os? C'est ça, le problème, voyez-vous.

Il y a eu pire avant

Le petit est dans les bras de sa maman et, avec sa mignonne main dodue, il joue dans sa chevelure avant de lui demander pourquoi elle a quelques cheveux gris. La maman en profite pour passer un petit message en lui expliquant que ce sont souvent les contrariétés que causent les enfants désobéissants qui amènent la présence de ces tristes cheveux gris. Et l'enfant de conclure: «Ah bon! Je comprends maintenant pourquoi grand-maman a tous les cheveux blancs.»

Contraire à l'inverse

C'est effrayant comme ce gars-là est rassurant!
C'est pas possible comme c'est facile à faire.
C'est écœurant comment c'est bon.
Ça, pour moi, c'est pas pour moi.
Réalise au plus vite qu'il faut que tu prennes ton temps.
Elle est séduisante, c'est épouvantable.
C'est logique, ça a pas de sens.
Il est laid, c'est de toute beauté.

On avait accusé Jean Pagé de voies de fait
parce qu'il avait lancé un fond de verre d'eau
dans le visage de son ex. Mais on est resté muet
face à la fille qui versait toute sa bière
sur la tête du gars dans la pub d'Heineken.

La première fois qu'on a parlé à Yvon Lambert
de la caisse de retraite du Canadien,
il pensait que c'était une vingt-quatre.
(Excuse-moi, Yvon, c'était plus fort que moi...)

La première fois qu'on a parlé à Yvon Lambert
de la caisse de retraite du Canadien,
il pensait que c'était une douze.
(C'est moins pire, comme ça?)

Dans les prochains jours, si vous jouez aux cartes
avec des Hell's Angels, rappelez-vous que les Jokers
ne sont plus dans le paquet.

Comment font les gens de La Tuque pour endurer
les mauvaises odeurs de l'usine de la
Consolidated Bathurst! Même dans le bois, ça pue.
C'est la première fois que je voyais un renard
avec un pince-nez.

Tourner à droite au feu de circulation rouge.
Quel débat! Que de salive! Que de beaux dollars
en pub, en avertissements, en communiqués!
Est-ce que vous aviez besoin de ça dans votre vie?
Davantage qu'un médecin de plus à l'urgence?
En tout cas, on tournera à droite.
Est-ce que tourner à droite à l'urgence,
ça nous mène au corridor?

Les échotiers ont essayé de faire passer Jean Pagé
pour un violent. Si Pagé était violent,
il y a longtemps que Réjean Tremblay
aurait dû se faire planter des dents.

Panique en France. Le taux de chômage
vient de dépasser le taux de cholestérol.

Savez-vous où je pourrais louer une remorque?
Je veux aller acheter du papier
de toilette chez Costco.

«Les médecins qui font la promotion
de certains médicaments en échange
d'argent, de voyages ou de cadeaux,
c'est scandaleux», comme me le disaient
Michel Bergeron en mangeant sa soupe Chunky,
Benoît Brière sur son cellulaire Bell et
Normand Brathwaite rencontré chez Réno-Dépôt.

Un truc pour faire ralentir les camions:
mettre des restaurants avec danseuses
tous les vingt kilomètres sur les autoroutes.

Selon un récent sondage, 85 % des Canadiens
sont en faveur de l'interdiction du téléphone
cellulaire au volant, les 15 % n'ont pu participer
au sondage, étant en dehors du réseau!

C'est curieux, les faveurs du ministre Denis Coderre
au Groupe Everest, on en a fait une montagne.

Jacques Villeneuve a une façon bien à lui
d'être audacieux: il a du frein tout le tour de la tête.

Un lecteur me dit sur ma boîte vocale au *Journal*
que ce n'est pas un orignal mais bien un caribou
que l'on voit sur les pièces de 25 cents.
Il me semblait aussi qu'il goûtait drôle.

Jacques Parizeau à la retraite donne maintenant
dans la décoration. Il a trouvé une façon de faire plus
de place dans sa cuisine: il s'assoit dans le salon.

On soupçonnait les Iraquiens d'avoir fabriqué
des armes chimiques, mais les Américains, eux,
ont bel et bien inventé le McDo.

Passe toujours que Rozon nous ait raconté les histoires
de cul de Trenet. Mais on aurait préféré que Trenet
nous raconte les histoires de cul de Rozon.

Incroyable, les problèmes financiers à l'Hippodrome
de Montréal! C'est rendu qu'y en a là-dedans
qui sont obligés de se déplacer à cheval.

Il y a des choses qu'il faut savoir au sujet
des femmes. Il est important de trouver une femme
qui cuisine bien et qui sait entretenir la maison.
Il est aussi important de trouver une femme qui gagne
un bon salaire. Et, bien sûr, il est important
de trouver une femme qui aime le sexe.
Mais, ce qui est le plus important, c'est que ces trois
femmes ne se rencontrent jamais.

Entendez-vous l'appel de la pelle?

Après le gala de l'ADISQ, il y a eu un party
pour les récipiendaires, avec Éric Lapointe
et Plume dans le même édifice.
Molson a dû appeler du renfort.

La plupart des avions sont très sécuritaires.
Le problème, c'est les passagers.

Message de Loto-Québec. N'oubliez pas. Gager,
c'est dangereux mais payant, risqué mais ça rapporte,
peut créer une habitude mais ne lâchez pas.

Il y a une nouvelle caméra japonaise
tellement rapide que tu peux même photographier
un Français la bouche fermée.

Dernier sondage: 25 % des hommes aiment les femmes avec des jambes fines; 25 % des hommes aiment les femmes avec des jambes musclées; 50 % se positionnent entre les deux.

La laine vierge proviendrait des brebis niaiseuses.

Mise en garde qui s'adresse à tous les prêtres du Québec: il est interdit de conduire un véhicule avec plus de quatre messes dans le corps.

Fille taillée au couteau cherche type effilé.

C'est toujours un peu suant de voir un gars te coller une contravention pour stationnement illégal alors qu'il est lui-même parqué en double.

Jobs à rien faire

Caddy dans un mini putt.

Préposé aux cliniques de sang chez les Témoins de Jéhovah.

Rhumatologue dans une école primaire.

Vendeur de dessous érotiques au Vatican.

Rédacteur de rapports pour le gouvernement fédéral chez Groupaction.

Prêteur sur gages pour Paul Martin, Paul Desmarais et Pierre Karl Péladeau.

Orthodontiste dans un centre d'accueil.

Préposé aux ascenseurs dans un split-level.

Charmeur de serpents à Inuvik.

Présidente du Conseil du statut de la femme en Arabie Saoudite.

Comment ils font l'amour

L'ado: il garde sa casquette.

L'homme politique: il promet qu'il va le faire, mais ne le fait jamais.

L'indépendantiste: il le fait souverainement et exige une association.

Les gars de la voirie: ils sont deux: un qui rentre, un qui sort.

Un gars de Groupaction: c'est plate, c'est toujours le même rapport.

Une Américaine: elle le fait, puis elle intente une poursuite pour agression sexuelle.

Définitions du mariage

- Acte religieux consistant à en crucifier un de plus tout en soustrayant une vierge.

- Sentence à vie dont les condamnés ne peuvent se défaire que par mauvaise conduite.

- Elle n'aura jamais ce qu'elle a autant espéré et il n'aura jamais espéré ce qu'il a.

- Somme d'emmerdes, soustraction de libertés, multiplication des responsabilités et division des biens.

- Méthode presque infaillible pour engraisser.

Avis à ceux qui cherchent un emploi.
Radio-Canada serait à la recherche
d'un épousseteur de manches de veston
et d'un ajusteur de cravates.

Un plombier qui a fait une erreur
peut-il craindre le renvoi?

Chien malentendant cherche puce à l'oreille.

Pfizer, la compagnie qui distribue le Viagra,
a enregistré des profits records.
Au cours de la dernière année, les bénéfices
sont passés de 6 à 12 pouces.

L'automne, c'est les feuilles jaunes et rouges.
Ensuite apparaissent la neige blanche
et les bas de pantalons cernés gris.

C'est bien beau de vouloir mettre la photo
des candidats sur les bulletins de vote
lors des prochaines élections, mais il n'y aura pas
de place. Imaginez tous les visages à deux faces
qu'il va y avoir là-dedans!

Lorsqu'ils négocient leur convention collective,
les douaniers canadiens, comme moyen de pression,
décident toujours de déroger à certaines règles
de leur fonction. Par exemple, ils sont affables
et souriants avec les automobilistes.

L'Hydro vient de m'envoyer une lettre
avec la mention «Dernier avis».
Bon, enfin, ils vont me lâcher.

Chez Parée, il y a une danseuse à temps partiel.
Elle ne montre qu'un sein.

Il aime tellement le bingo qu'il sort avec une pitoune.

On dit qu'au ciel tout est beau, propre et que ça
sent bon, alors qu'en enfer, ça pue, c'est sale et
sombre... mais que le monde est plus intéressant.

On est moins macho quand on est capable
de décrire une belle femme en gardant
les deux mains dans le dos.

José Théodore, quand il va dans un lancement
de disque, est-ce qu'il apporte sa mite?

Le bon jugement vient des mauvaises expériences
qui, elles, viennent des mauvais jugements...

La campagne gouvernementale contre
le jeu compulsif, c'est comme quelqu'un
qui nous offrirait un poison d'une main
et l'antidote de l'autre.

Si on mettait du Viagra dans la tour de Pise,
pourrait-elle se redresser?

Une dame m'écrit en panique parce que son fils
de deux ans a avalé une balle de revolver.
«Il n'y a pas de danger, madame,
mais ne pointez son derrière sur personne.»

Une fois pour toutes, Britney Spears n'est pas vierge,
elle est Scorpion ascendant crevette!

Hé, papa! Y a un petit gars dans ma classe qui t'a vu quand tu es venu me reconduire, ce matin, et il a dit que je te ressemblais comme deux gouttes d'eau.
— Ah oui! Et qu'est-ce t'as fait?
— Rien, il est plus fort que moi.

Maman, hier, dans le parc, y a un gars qui était couché sur une fille et il arrêtait pas de l'embrasser. Moi, je les regardais, mais le gars voulait pas que je reste là. Avec ses fesses, il arrêtait pas de me faire signe de m'en aller.

Avis à tous les soutiens-gorge: attachez-vous, c'est plus prudent. Même si vous êtes à quelques kilomètres de chez vous.

La foncée ou la pâle? Quand je vais au resto et que je paye avec ma carte de crédit, on me demande de redonner la copie foncée. À la station libre-service, c'est l'inverse. Et moi, comme un blé d'Inde, je remets toujours la mauvaise. On pourrait-tu se faire un sommet du G-7 là-dessus?

Sur tous les contenants de jus d'orange, c'est inscrit «pur à 100 %». Et il n'y en a pas un qui goûte pareil!

Ampoule, c'est féminin ou masculin? Ma blonde dit qu'en bas de 40 watts, c'est masculin.

Pas chanceux, le petit. Il a attrapé la jaunisse pis la rougeole en même temps.

Le père d'un petit gars orange

Cri de ralliement québécois:
tousse pour un, rhume pour tous!

←⌒

Écoutez, Monsieur, ça fait dix minutes
que vous me parlez, mais ça ne vous donne rien,
je ne vous entends pas, je suis sourd.
— Je ne vous parlais pas, je mâchais ma gomme.

←⌒

Josée: Mais qu'est-ce qu'y t'est arrivé?
Tu as la lèvre tout enflée.
Sophie: Parle-moi v'en pas. F'est épouvanpable.
Mon mari m'a facré une claque dans le visave.
Josée: Ton mari?
Mais je pensais qu'il était parti en voyage.
Sophie: Moi auffi!

←⌒

Trop de vélo peut entraîner des dysfonctions érectiles.
Ça veut dire que lorsque ton siège banane pointe
vers le bas, c'est le temps de débarquer.

←⌒

L'harmonie des couleurs est revenue
dans ma cour. L'eau de la piscine
est de la même teinte que le gazon.

←⌒

Selon un sondage CROP-TVA-*Journal de Montréal*-
Global-SRC-Léger Léger-*La Presse-La Voix de Mont-
Laurier*, trop de médias s'associent pour des sondages.

←⌒

Il faudrait venir en aide aux sentiers battus
et aux piles non comprises.

←⌒

Réflexion haïtienne

Quand tu nais, tu es tout rose, moi, je viens au monde noir.
Quand tu es gêné, tu deviens rouge, moi, je reste noir.
Quand tu es malade, tu as le teint vert, moi, je reste noir.
Quand tu es enragé, tu deviens bleu, moi, je reste noir.
Alors... C'est qui l'homme de couleur?

Il n'y a qu'en Amérique

Il n'y a qu'en Amérique que, après l'appel, la pizza arrive plus vite que l'ambulance...

Il n'y a qu'en Amérique que l'on entend des gens commander deux «double cheese», une grosse frite et un Coke diète.

Il n'y a qu'en Amérique que l'on vend les saucisses à hot-dogs en paquets de 8 et les pains à hot-dogs en paquets de 6.

Vrai ou légende?

Est-ce que le 3 fait vraiment le mois?

Est-ce que les rousses sont plus cochonnes?

Est-ce que nos cheveux deviennent plus forts à la repousse lorsqu'on se fait raser le coco?

Est-ce que manger du poisson favorise une bonne mémoire?

Est-il dangereux d'être sur le BS et d'avoir un condo en Floride?

Noms composés

Mademoiselle Labelle-Binette
Monsieur Morand-Voyer
Madame Lalumière-Dufour
Monsieur Legrand-Brûlé
Monsieur Lemoyne-Allaire
Madame Larose-Desrosiers
Monsieur Tétreault-Cauchon

C'est normal que la ville de Québec
ressente un certain complexe d'infériorité.
Elle est coincée entre deux grandes villes:
Montréal et Chicoutimi.

Réjean Tremblay

Après le discours du trône, qui chasse l'eau, après?

Afin d'assurer la survie de l'espèce,
on a créé une banque de sperme pour éléphants
en Thaïlande. Pour un retrait, vous devez
avoir votre camion-citerne.

Record d'assistance à un match des Expos:
six mille personnes! Deux placiers ont subi des
blessures à l'aine, trois sont en *burnout* et on a
manqué de petites boules blanches dans les urinoirs.

Pour solutionner les problèmes dans les urgences,
le ministre de la Santé veut rencontrer les médecins.
Il va se rendre lui-même à l'urgence vers 9 h,
demain matin. Il devrait passer vers 22 h, demain soir.
Il prendra des mesures vers 10 h, dans deux ans.

La police aurait des gyrophares sur le toit
pour savoir dans quelle bagnole retourner
après t'avoir donné ton billet.

L'électricité est rendue chère.
Si je reçois ma facture et que je pogne un choc,
est-ce que je peux le déclarer à l'impôt?

Dans certaines entreprises, c'est lorsqu'on
devient cadre qu'on n'est plus dans le portrait.

Hier, j'ai donné une conférence devant
des pickpockets. Je me sens vidé.

Je ne sais pas si c'est le budget du gouvernement
qui s'en vient, mais je sens comme une main
qui se glisse dans mes poches.

Patrick Carpentier signe pour deux ans avec Player's.
C'est un contrat qui lui garantit 3,5 millions de dollars,
5 changements d'huile, 3 antirouilles
et une cire chaude au lave-auto!

Ottawa s'apprête à interdire les cirques
avec des animaux exotiques.
Ils veulent vider le Parlement, quoi?

Observez une photo du prince Charles.
Quand même, à part la face, il est pas si mal.

Nouveau chez Ménick. La coupe Martin Matte,
avec la peau par-dessus.

Un professeur en quête d'autorité:
«Voulez-vous vous taire! Chaque fois que j'ouvre
la bouche, il y a un imbécile qui parle...»

Viagra a maintenant un concurrent: Levitra.
«Levi» pour lever et «itra» pour... itravaille
plus longtemps.

George Gillet serait prêt à payer un million
pour avoir Bruce Springsteen au Centre Bell.
C'est bien beau, mais y va jouer avec qui? Koivu?

Ça s'est tellement battu à la pratique des Alouettes
que plusieurs joueurs ont déjà la grosse ligne noire
sous les yeux avant le prochain match.

Mon grille-pain a un petit côté indien.
Quand les rôties sont trop grillées,
il m'envoie des messages de fumée.

Dans le studio super équipé de son yacht,
Jacques Villeneuve a tout prévu: chaque fois
qu'il joue de la guitare sèche, l'humidificateur part.

French kiss, c'est français ou anglais?
Un mélange des deux langues?

Dans la navette spatiale, la maman à son petit:
«Mets ta bavette et mange comme il faut si tu veux
pas encore renverser ton assiette au plafond.»

Comment s'appellera le premier magasin de
marijuana? Rona-L'entrepote ou Home Depote.

Mon psy est formidable. Pour mille dollars,
il a réussi à me débarrasser en moins de temps
que je ne le croyais de ce que j'avais,
c'est-à-dire mille dollars.

Voyons, voir si la SQ a peur des Mohawks.
Hier, deux gars de la Sûreté ont traversé Kahnawake
très lentement et personne n'a osé les déranger...
dans leur hélicoptère.

À Kuujuak, un Inuit souffrant d'une forte fièvre
a fait fondre sa chambre.

À Ottawa, la loi du moindre effort vient
d'être adoptée en première lecture.

Si ça vous intéresse, ce soir, rue Saint-Denis,
dégustation de bière et de vin, suivie
d'une exposition de permis de conduire.

Un entrepreneur, tanné d'être à la retraite,
a décidé d'avancer sa maison parce qu'il y avait
un «slack» dans sa corde à linge.

Pourquoi ne servirait-on pas des petits-déjeuners
à l'auto, à l'entrée du pont Champlain?

Si vous avez tendance à oublier votre diète,
dites-vous que ce qui est sur la table pourrait
bien se retrouver sur la chaise.

Eh! que ça fait donc du bien de sentir que l'harmonie
est revenue entre les Blancs et les Mohawks.
Seulement vingt-deux dollars pour une cartouche
de petits calumets de paix. C'est pas cher.

Comment faire l'amour à la rodéo?
L'homme par-dessus, la femme en dessous.
Une fois l'acte commencé, il lui dit qu'elle bouge
de la même façon que sa secrétaire.
Ensuite, il essaie de rester en place pendant
huit secondes. Aouignahan!

C'est pas que les budgets sont serrés
dans les hôpitaux, mais quand on pense
que le docteur est obligé d'arracher
un coin du mur pour te faire un plâtre...

Tremblismes

Le «tremblisme» est une forme de langage consistant à inverser ou à confondre plusieurs réalités. L'exemple de départ a été marquant. En s'adressant aux Alouettes, le maire Tremblay les avait appelés Expos, et il rehaussait la qualité de son tremblisme en les félicitant d'avoir gagné la coupe Stanley. Voici quelques tremblismes imaginés par des lecteurs du *Journal*.

Je suis ambidextre. Je parle aussi bien le français que l'anglais.

D. Veillette

Chérie, passe-moi le siphon que je débouche une autre bouteille de vin.

P. C. Charrette

Le bouchon de ma canette de WD-40 est coincé.

Les frères Rivard

Qu'est-ce que ça donne d'être heureux si tu n'as pas d'argent?

Lise

Avec toute cette neige sur les routes, on est obligé d'utiliser beaucoup de brise-glace dans nos vitres.

Y. Franche

Faut pas chercher de midi à quatorze ans.

G. Allard

Mes enfants adorent les chansons d'Annie Chou-fleur.

S. Baril

On me demande si je suis un homme de décision. Des fois oui, des fois non.

C. Lemay

Les inspecteurs américains ont passé trois heures
dans la barbe de Saddam. Ils ont enfin trouvé
des armes biologiques: un rhume, une sinusite
et deux bronchites.

À ne pas faire absolument, au cinéma
L'Amour, rue Saint-Laurent:
demander la garniture spéciale sur le pop-corn.

La police devrait arrêter les saisies de drogue.
Si ça continue, il y a des écoles qui vont fermer.

Je me pratique toujours avant la chasse.
Je peinture mon VTT au fusil.

J'ai horreur des filles qui font l'amour
le premier soir. Il faut attendre tout l'après-midi.

Autrefois, dans les écoles, le latin.
Aujourd'hui, le latex.

Il a mal dormi: obligé de se lever
toutes les 15 minutes pour se reposer.

Guy Lafleur: trois décennies, trois équipes,
trois toupets.

Une grande, grande, grande vedette
demande au photographe:
«Prendriez-vous une photo de groupe de moi?
— Mais bien sûr. Placez-vous au centre de votre ego.»

Tellement pas de monde aux Expos
que les placiers placent les placiers.

Les militaires américains sont sur une piste.
Une information en provenance de Russie
dévoile l'ouverture prochaine d'un nouveau
concessionnaire automobile: Ben Lada.

En Suède, un gynécologue souffrant depuis
peu de la maladie de Parkinson serait
en train de faire fortune.

Mon habit de camouflage est tellement bien fait
pour la chasse que, une fois, je l'ai échappé par terre
et ça m'a pris une heure à le retrouver.

Message d'un répondeur à Kahnawake: «Moi pas là.
Toi laisser ton nom, ton numéro et quelle sorte vouloir.»

Il faut être pied pour rester dans un bas!

En raison du grand nombre de chasseurs d'orignaux
américains en sol québécois, cette année, le ministère
autorise le call dans les deux langues.

Céline Dion a tout pour réussir dans la chanson,
même les initiales. C'est une blague, René.
Tu ne vas pas me poursuivre pour ça?
Non?
OK, d'abord. Ton fils, René-Charles Angélil,
a tout pour réussir dans la chanson,
même les initiales.

Description de la table canadienne:
une assiette fiscale bien pleine,
le couteau sur la gorge et la coupe qui déborde.

Sœur Angèle s'est retrouvée dans un party
où tout le monde s'est déshabillé.
Elle est restée traumatisée. Hier, elle a fait cuire
une dinde et n'a pas enlevé les plumes.

C'est pas demain la veille qu'on ira en vacances
à Bagdad. Gino Odjick aura des dents.

Automne normal: les Expos tombent avant les feuilles.

Virage à droite au feu rouge à Montréal?
Avez-vous pensé à l'argent qu'on pourrait perdre?

Un squeegee

Lui: Chérie, déshabille-toi devant moi.
Elle: Ça me gêne, j'ai des scrupules.
Lui: Pas grave, j'ai de l'onguent...

Virage à droite au feu rouge mais pas à Montréal.
Bizarre! À Terre-Neuve, ils songent à adopter
la conduite à gauche, mais seulement
pour les camions, les six premiers mois.

Le week-end dernier, c'était journée
portes ouvertes dans deux mosquées de Montréal.
Cinq personnes en ont profité pour sortir.

J'ai scanné un concombre sur mon ordinateur.
Tout de suite après, Netscape s'est ouvert
tout seul et je suis tombé sur le site du gouvernement.
Sont forts, les ordis.

José Théodore, si je comprends bien,
c'est lui qui a la plus grosse palette.

Pourquoi les docteurs disent qu'ils «pratiquent»?

Un gars qui a peur

Ce qui est dangereux avec la belle Mitsou,
c'est d'enlever les voyelles de son nom.

Sa blonde lui a dit qu'elle avait mangé un avocat.
Il fut rassuré quand il a vu le noyau sur le comptoir.

À la fin d'une saison où le Canadien n'allait pas
faire les éliminatoires, Joey Juneau avait
réussi à déjouer les adversaires et s'était rendu à dix
pieds du gardien de but. Là, il avait crié au coach:
«Apporte-moi mon putter!»

La compagnie Trojan a accepté de donner
des condoms dans les écoles, en début d'année.
Le slogan sur l'enveloppe: «Idéal pour la rentrée...»

J'ai fait l'amour avec une prof de français.
Moi, c'était impératif. Elle, c'était conditionnel.
Finalement, ça s'est passé simple. Son évaluation:
plus-que-parfait. Moi, je trouve qu'elle participe pas
assez. Y aura pas de futur.

La divine russe, couronnée plus belle femme
du monde au printemps, est en visite à Montréal.
Pourquoi, d'après vous? Eh que chu donc tanné
de me cacher! Encore de la chicane dans mon couple.

Expérience réussie à l'Université de Montréal:
on a croisé deux chiens saucisses
et on a eu six pogos.

De femmes à hommes

On assiste à l'arrivée massive des femmes au travail. Leur forte scolarisation va les amener de plus en plus vers des postes de responsabilité. De leur côté, les hommes perdent du terrain et la féminisation des écoles pousse les garçons à décrocher. Ils se retrouveront à la maison à faire les tâches ménagères. Selon la loi de l'évolution, les femmes verront leur clitoris se transformer en un petit pénis qui, avec le temps, deviendra d'une taille normale. Les hommes verront leur membre viril s'atrophier graduellement pour ne plus devenir qu'un minuscule ourlet de muqueuse entre deux lèvres. Les femmes perdront leurs seins alors que ceux des hommes prendront du volume. La pilosité gagnera le corps des femmes alors qu'elle quittera celui des hommes. On se retrouvera alors avec les hommes au travail et les femmes à la maison.

De patron à boss

Je me suis décidé. C'est-à-dire que ma femme m'a décidé. Hier matin, d'un pas autoritaire, je suis entré dans le bureau de mon patron, je me suis assis et, comme ma femme me l'a dit, je lui ai demandé fermement une hausse de salaire. Je pense que ma femme a eu raison de m'inciter à le faire. On aura la réponse cet après-midi, mon boss doit en parler à sa femme ce matin.

Évaluations d'employés

Travaille bien seulement quand il est sous surveillance constante et qu'il est coincé comme un rat dans un piège.

Lors de l'évaluation précédente, il avait atteint le fond. Eh bien! il a recommencé à creuser.

Les barrières sont descendues, les lumières clignotent, mais le train n'arrive pas.

Il dispose de deux cerveaux. Le premier s'est perdu; l'autre est parti à sa recherche.

Un peu plus stupide et il faudra l'arroser deux fois par semaine.

Je ne savais pas ça. Paraît-il qu'il existe une règle de protocole interdisant que l'on touche à la reine Élisabeth. Des mauvaises langues disent que c'est exactement le contraire avec la reine du Carnaval.

Je ne sais pas ce que j'ai dit de drôle, mais le journal est plié en deux.

Ce n'est pas pour me vanter, mais il va faire beau demain.

Je comprends les sénateurs de recommander la légalisation du pot. Quand t'as rien pour rire, vaut mieux rire pour rien.

Oussama Ben Laden a déjà été mordu par une tarentule. Elle est morte sur le coup.

La maudite cigarette. Si tu fumes pas mal,
tu as les doigts jaunes; si tu fumes exagérément,
tu as les poumons noirs; si tu en vends illégalement,
tu as la peau rouge.

Les Expos ne sont pas morts.
Ils ont encore des chances de participer aux séries.
Si on fait le calcul, il faut qu'ils gagnent
trois parties par soir.

L'achat de CKAC, ça m'aurait peut-être intéressé,
mais ce serait beaucoup trop cher. Quand on pense
que dans la transaction, il faut prévoir un budget pour
payer l'entretien de la barbe du Doc Mailloux.

40-15, au tennis, c'est un pointage.
Au Québec, c'est deux autoroutes
congestionnées tous les matins.

Est-ce vrai que Bell fait de l'argent à l'appel?

Un gars qui «pioche» pour arriver

Je sais que c'est pas de mes affaires, mais je vous
souhaite quand même une belle journée.

Si Jean Chrétien avait les oreilles du prince Charles,
il pourrait se faire du bouche à oreille tout seul.

Un poète s'est fait coincer dans un barrage policier.
Il avait pris un vers de trop.

La pire chose, c'est de se faire arrêter
pour conduite au volant.

La reine Élisabeth ne visitera pas le Québec
à son prochain voyage au Canada.
Qui doit-on remercier?

34 % des Québécois apportent du travail
à la maison. Pour la masseuse érotique,
c'est dur à expliquer à son mari.

Je voudrais saluer une femme à qui je parle
très souvent. Malheureusement,
nous ne nous connaissons pas beaucoup.
Toujours très polie, toujours le même ton
et jamais déplacée, cette femme me plaît
beaucoup. Un beau bonjour à «votre appel
est acheminé, un moment svp».

Les libéraux fédéraux disent eux-mêmes
qu'ils sont corrompus. Alors, ça doit pas être vrai.

Vrai que la mode est aux tailles basses
et ça doit venir des États-Unis. À Boston, on a même
vu des curés avec les culottes aux genoux.

Ça va tellement mal chez Nortel, il manque
du monde pour en mettre à la porte.

Quelle bonne idée de fêter les 25 ans de la loi 101!
All right! Let's go, man.

Au Québec, si tu es malade et si tu veux
être bien soigné sans attendre, jappe!

Il paraît que la carotte est très bonne pour la sexualité.
Mais il ne faut pas qu'elle se casse.

J'aimerais être un dentifrice.
Trois fois par jour, tu pars sur la brosse.

Entendu dans le quartier des prostituées:
«Vous avez de très belles jambes.
Elles ouvrent à quelle heure?»

Pierre Falardeau songe à arrêter de fumer. C'est son
docteur... pardon! son ramoneur qui me l'a dit.

Il est facile de faire de la course automobile.
Il suffit de remplir une formule.

Échanges culturels: depuis une couple de décennies,
dans les mariages, les Américains lancent du riz;
depuis une couple de semaines,
les Chinois lancent des hamburgers.

Les sacs à dos des étudiants causeraient
des maux de dos. Traîne des patins à roues alignées,
un appareil CD, un Game Boy, un cellulaire,
des piles de rechange, ton lunch puis tes livres:
tu vas voir que tu vas marcher penché.

Le célèbre «ostineux» et avocat Guy Bertrand
a accepté de jouer le rôle de Louis Riel
dans une reconstitution historique. Le connaissant,
je ne serais pas surpris qu'à la fin du film il soit libéré
et que la police militaire soit pendue.

J'ai trois paires de lunettes: une pour lire de très près,
une deuxième pour lire d'un peu moins près
et une troisième paire pour trouver les deux autres.

Panne de câble! Plus de télé.
Alors, j'ai recommencé à dialoguer avec ma femme.
J'ai ainsi appris que j'avais deux enfants,
une clôture à peinturer et une Visa chargée à bloc.
Vite, faites quelque chose, Vidéotron!

Quand le service reviendra, j'espère qu'on pourra
capter le nouveau canal Lachine.

Mon médecin vient de me dire d'éviter tout
ce qui est gras. Donc, belle-maman, restez chez vous.

Et si...

Si le monde décidait de nous surprendre.
Si le Doc Mailloux rasait sa barbe?
Si Mike Ribeiro restait une période sans débarquer?
Si les Mohawks décidaient de payer leurs impôts?
Si c'était Al-Qaeda qui capturait George W. Bush?
Si les évêques de Boston devenaient aux femmes?
Si Jean Charest invitait Pierre Paradis à souper?
Si le vœu du maire Tremblay se réalisait et que le
Canadien allait chercher la coupe Grey?
Si Paul Martin récupérait les sommes que le Parti
libéral vole depuis des lustres aux contribuables?
Si les belles femmes disaient toujours oui?
Si on avait le droit de fumer dans les salles d'attente?
Si le printemps commençait vraiment le 21 mars et
que l'été finissait vraiment le 21 septembre?
Surprenez-nous, quelqu'un!

Ce qu'il fallait comprendre

On a dit: «Notre politique est axée sur la famille.»
Il fallait comprendre: «Notre politique est taxée sur la famille.»

On a dit: «On va revenir sur les défusions.»
Il fallait comprendre: «On va revenir sur nos décisions.»

On a dit: «Dans les garderies, on va faire de la place.»
Il fallait comprendre: «Dans les garderies, on va faire la piasse.»

On a dit: «Dans les hôpitaux, notre mot d'ordre sera de soigner les patients.»
Il fallait comprendre: «Dans les hôpitaux, notre mot d'ordre sera: soyez patients.»

On a dit: «Tout est prévu.»
Il fallait comprendre: «Trou imprévu.»

Un pénitent américain:
«Mon père, je ne sais trop de quel péché
m'accuser, mais je n'arrête pas de penser
à des jeunes, à des mineurs que je vois tout nus,
à des garçons qui jouent avec leur corps...»
Le curé américain: «Je ne vous crois pas.
Il va falloir que vous apportiez des photos.»

Un divorce, c'est comme un match de tennis,
on se bat pour gagner le plus grand nombre de sets:
set de chambre, set de salon, set de cuisine, etc.

Le virus du Nil serait à Beaconsfield. Je suis déjà allé
à Beaconsfield. Il ne restera pas là longtemps.

Vraie, cette rumeur voulant que si tu fais l'amour
dans l'eau tu peux rester «pris». Un jour, mon chum
l'a fait avec sa nouvelle blonde. Aujourd'hui,
il est «pris» pour payer une pension.

Je fais souvent enrager ma conjointe.
C'est par mesure de sécurité.
Je la fais «bouillir» avant de l'embrasser.

Quand toutes les danseuses nues qui pratiquent
ce métier pour payer leurs études en médecine
auront leurs diplômes, le Québec ne manquera
plus jamais de médecins.

Avec du Pepsi bleu, peut-on roter fluo?

Une fraude, c'est une bonne affaire
qui a rencontré une mauvaise loi.

Plusieurs membres du Parti libéral du Canada
auraient aimé que le gros Gagliano fasse
une envolée en montgolfière sans
qu'on lui donne les instructions pour redescendre.
Mais, au fond, pas besoin de montgolfière:
on aurait eu juste à lui souffler un peu d'hélium
dans la bedaine, puis il serait parti tout seul.

Les portes qui s'ouvrent toutes seules
dans les magasins, c'est vrai que
c'est commode. Mais ça fesse en pas
pour rire quand t'es pas du bon bord!

Paul Martin songe à une nouveauté au gouvernement:
un vérificateur nommé par le Parti libéral
qui vérifierait la vérificatrice. Faudrait vérifier.

BAR veut taire la nouvelle, mais il paraît
qu'en Hongrie, Jacques Villeneuve a été dépassé
par une montgolfière de Saint-Jean-sur-Richelieu
qui se serait égarée.

Le nageur qui a été le plus rapidement
disqualifié à la traversée du lac Saint-Jean
est un grand distrait. Il était parti du mauvais côté.

Un fonctionnaire du fédéral ayant beaucoup
d'ancienneté a décidé de prévoir dès maintenant
ses semaines de vacances de l'an prochain:
les quatre dernières de juillet, les quatre dernières
d'août et les quatre premières de septembre.

Les gars du sport ne veulent pas participer
au Défilé des gais. C'est dangereux.
Il ne faut pas se les mettre à dos.

Lorsque vous avez terminé la cuisson
de votre repas sur le barbecue, il est très important
de bien fermer le robinet de l'alimentation de gaz
et aussi de replacer minutieusement la housse
qui va dessus. De cette manière, votre voisin
parti en Gaspésie ne saura jamais
que vous avez utilisé le sien.

À la pharmacie

— Avez-vous des lunettes?
— Pour le soleil?
— Non, pour moi.

Nouveauté dans le domaine de l'automobile:
le fouille-narines qui sort du tableau de bord aussitôt
que le feu de circulation passe au jaune.

De la manière que vont les choses,
beaucoup de paroisses américaines
ne pourront célébrer de messe de minuit à Noël.
Plusieurs prêtres devront être en cellule
avant dix heures.

Anne-Marie Losique a reçu un appel obscène.
Après cinq minutes, c'est le gars qui a raccroché.

350 000 pèlerins avaient séjourné à Toronto
pour la visite du Pape. Grosse famille, les Pellerin!

Quand je pense au sympathique et regretté
Louis Laberge, je me dis qu'on ne devrait pas
lui donner une rue mais plutôt un lac.
Ainsi, il aurait toujours une grève autour de lui.

Évolution: jeune, ton lait est dans ton verre;
moins jeune, ta bière est dans ton verre;
plus vieux, tes dents sont dans ton verre.

La politique, c'est comme les beignes de Tim Hortons:
il y a ceux qui se crèment et ceux qui se font fourrer.

Il y a tellement de monde dans les urgences
des hôpitaux que les Expos aimeraient
y présenter quelques matchs.

La plus grosse déception pour Jean-Paul II,
lorsqu'il est venu à Toronto, c'est quand il a appris
que Joseph avait signé à Detroit.

Si on clonait le Doc Mailloux,
est-ce qu'il pourrait se soigner?

Hier, il ventait tellement fort que deux fonctionnaires
sont arrivés au bureau à l'heure.

Il faisait tellement chaud qu'on a été obligé
de se faire un petit feu pour se rafraîchir.

Il ventait tellement qu'on a retrouvé
l'arrondissement de Longueuil
dans le comté d'Hochelaga.

Le pont Jacques-Cartier aura fait comme
certaines filles: il a changé sa courbe, et les bosses
sont soudainement plus grosses.

Déclaration de Jean Charest: «Hier,
en me coupant les cheveux, j'ai retrouvé mon chat.»

Sur les paquets de cigarettes

Tu veux t'export «A» dans l'autre monde?

T'aimes vraiment ça, «frencher» un tuyau d'échappement?

Quelle haleine! Pourquoi tu mâches tes bas?

Tu t'éteins, si tu allumes.

Vous ne passerez pas la Matinée...

Comment vas-tu, vieille bronche?

Cette cartouche tue sans fusil.

Aspirez maintenant, expirez bientôt.

Qu'est-ce que vous faites à petit feu?

La pub du pot

Si la possession de la marijuana n'est plus criminelle un jour, il est sûr que cette décision aura un impact touristique. Pourquoi ne pas préparer les slogans tout de suite? Voici quelques suggestions.

Cet été, viens prendre le champ au Québec.

Québec, un peuple fier de ses racines.

Hé! le voisin, viens voir comme le gazon est plus vert chez nous.

Au Québec, cet été, venez vous geler dans les grandes chaleurs.

Concours de yeux rouges au Festival du Ssssp. «Voyages» à gagner.

Il y a un nouveau club vidéo dans mon coin et je trouve que ça manque de variété: il y a au moins deux cents copies du maudit film «Rembobinez SVP».

On a la preuve que Louis Laberge est au ciel: les anges ont la semaine de quatre jours.

Conseil de golf à Normand Lester et à Pierre Bourque. Après un gros élan, n'oubliez pas de replacer vos mottes.

Si vous vous sentez seul et que vous avez l'impression que personne ne s'occupe de vous, sautez deux paiements de char.

Quand débutait une course de F-1, on se posait toujours la question: Est-ce que Villeneuve va finir en premier ou est-ce que Villeneuve va être fini le premier?

On monte dans le nord et on descend dans le sud. On dit quoi quand on va vers l'ouest ou l'est? On se tasse?

C'est trop chaud, l'été, au Québec. Si on enlevait La Tuque de la carte, il me semble que ce serait moins pire.

Dites-moi, est-ce qu'il y a une mitaine à La Tuque?

Un protestant

Si le cordonnier est mal chaussé, le gynécologue, lui?

Dans les films de cow-boys, les Indiens ne gagnent
jamais. Aux nouvelles, c'est le contraire.

Maudit que les odeurs sont fortes
dans l'est de Montréal! Dites donc, une raffinerie,
c'est un intestin géant, ça?

À voir en spectacle à Montréal:
le fameux transformiste Arthuro Brachetti
qui, paraît-il, se change plus vite que Bill Clinton
dans un party de secrétaires.

À Athènes, en Grèce, l'air est tellement pollué
qu'il faut le faire bouillir avant de le respirer.

Paul Martin a su constater que le mariage
est catholique, mais le divorce, c'est Chrétien.

Gros spécial chez RX Soleil,
principalement pour les chauffeurs de taxi:
4,95 $, juste pour le bras droit.

Dans les piscines publiques de Montréal,
l'ex-maire Bourque est le seul qui plonge
avec une main sur la tête. Tremblay,
lui, c'est la tête dans les mains.

On a fait le calcul: si Jean Chrétien
avait donné un poste d'ambassadeur
à l'étranger à chacun des membres
de son gouvernement impliqué dans des conflits
d'intérêts, il manquerait neuf pays.

Travaux, ralentissez

— Prends-tu la 20 pour aller à Québec?
— Non, j'ai juste deux semaines de vacances.

Les golfeurs sont comme les truites. Ils s'en viennent
en zigzaguant et soudain sautent sur le vert.

Avis au ministère du Revenu: je me suis acheté
un détecteur de poissons. Chaque fois que je le
mets à «ON», la flèche me pointe.

Dans le lac Canot, il y a tellement de truites
qu'il a fallu pêcher deux heures avant d'être capable
de descendre la chaloupe à l'eau.

La pêche a ceci de merveilleux:
tu peux prendre de la bière, manger comme
un cochon, et ce, tout en surveillant ta ligne.

Je trouve que les restaurants McDonald's
exagèrent. C'est bien beau, les graines de sésame,
mais de là à en mettre dans le visage des étudiants
qui sont au comptoir...

Je connais un gars qui s'est fait faire une vasectomie
chez Canadian Tire. Chaque fois qu'il voit
une belle fille, sa porte de garage ouvre.

Le 12 juillet, c'est la fête de Michel Louvain.
Souhaitez-lui un joyeux anniversaire et profitez-en
pour saluer son épouse et ses enfants.

Pour économiser de l'électricité,
fermez la télé lorsque vous utilisez votre vidéo.

Une compagnie voulant rivaliser avec Viagra
vient de mettre sur le marché une pilule pour femmes,
et le résultat en laboratoire montre
que la durée du fantasme sur une robe,
dans une boutique, passe de 30 minutes à 6 heures.

Une étude révèle que 90 % des accidents surviennent
à moins d'un kilomètre de la maison familiale.
Je déménage.

La première fois que j'ai emmené mon fils
au cinéma, il cherchait la télécommande.

N'hésitez pas à laver vos chandails avec du dentifrice.
Ils le disent à la télé: le dentifrice rafraîchit
la laine et renforce les mailles.

Depuis des années, le gouvernement dit
qu'il combat la pauvreté. Et quel combat!
Les pauvres en mangent toute une.

Aux États-Unis, une femme a poursuivi son mari
pour impuissance sexuelle. Au tribunal, le juge
lui a demandé: «Capable ou non capable?»

J'ai un scoop pour tous les grands de la finance.
Le *Journal de Montréal* est à vendre.
65 cents dans tous les kiosques.

Le Japonais de vingt-quatre ans qui mange cinquante hot-dogs en douze minutes a affirmé hier qu'il en aurait mangé davantage s'il ne s'était pas arrêté pour aller souper.

Il ne faut pas rire de la petite taille de Rodger Brulotte. Ce n'est pas sa faute si sa mère l'a oublié dans la sécheuse quand il était petit.

Ce qui est «in»

Faire la vague dans des funérailles.
Tomber malade pour avoir le droit de fumer du pot.
Coller une affiche Player's sur sa voiture.
Partir quelque chose «Académie».
Commencer le *Journal de Montréal* par la page 4.
Ne pas porter de sous-vêtement sous son uniforme scolaire.
Gagner un t-shirt à CJMS Country.
Stooler un Wolf Pack.
Porter du 36 D naturel.
Se faire raser le poil pubien chez Ménick (demander Johanne).
Partir une boutique de G-strings pour le Club de l'Âge d'or.
Pour un ado: participer au Défilé des gais juste pour faire peur à son père.

Ce qui est «out»

Pirater le CD de Richard Abel.

Être au cellulaire avec sa femme pendant une danse à dix.

Emprunter de l'argent à un proche parent de gardien de but.

Acheter des condoms de seconde main.

Moucharder un Hell's.

Porter du 36 D au silicone.

Se mettre le doigt dans le nez dans une photo de mariage.

Calculer la TPS et la TVQ sur une escorte.

Garder ses sandales pour faire l'amour.

Pisser sur le bord de l'autoroute (surtout la Métropolitaine).

Ne pas avoir encore réalisé que la grève à Radio-Canada est terminée.

Dans un souper en tête à tête, remonter ses lunettes avec le majeur.

Passer la tondeuse à Brossard le samedi matin.

Rester coincé dans un manège de la Ronde avec son lunch.

Divorcé, très généreux, demande où s'adresser
pour des dons d'orgasme.

Jean Chrétien ne connaît rien et il a fait
un fou de lui l'année dernière en Alberta. G-8,
ça ne se peut même pas.

Rosa, une joueuse de bingo

Selon l'institut Fraser, les Canadiens travaillent
jusqu'au 27 juin pour payer leurs impôts.
Ensuite, ils payent les taxes.

Dans les collèges américains, les bons pères
enseignaient les techniques du football à l'envers.
Ils montraient aux jeunes comment aller chercher
des verges en faisant des touchers.

Ce n'est pas qu'il est petit, mais au tournoi
des Célébrités, Rodger Brulotte était le seul
qui était sur la pointe des pieds pour planter son tee.

Avis au maire Tremblay:
à la fête de la Saint-Jean-Baptiste, trois chars
allégoriques ont été perdus dans des nids-de-poule.

C'est vrai qu'il y a un gros problème
de rats au centre-ville de Montréal.
Surtout chez ceux qui demandent vingt piastres
pour le stationnement.

C'était écrit, à la station du coin:
«Libre-service. Personnel demandé.»
Je suis entré et je me suis embauché.

Vous trouvez que les feux rouges sont trop longs?
Détachez-vous et commencez à chercher
quelque chose dans le coffre à gants.
Vous allez voir comme ça passe vite.

Mon fils qui est obèse est tombé du deuxième
étage sur le trampoline du voisin. Depuis,
on croit qu'il est quelque part à la baie James.
Comment faire pour le retrouver?

Roland Bonpoint

C'est vrai que la cigarette coûte cher.
Si t'avais pas demandé du feu à cette fille-là,
il y a dix ans, ça ne te coûterait pas
huit cents piastres par mois
de pension alimentaire, aujourd'hui.

Voyager Chibougamau-Montréal, soir et matin,
est-ce que ça se fait?

Un gars qui a enfin trouvé un logement

Dans leur limousine en attente,
les politiciens ne laisseront plus tourner le moteur.
À quand les pouces?

Avoir un ado, ce n'est pas toujours facile.
Les jeunes ne font pas attention. Dans l'écumoire
de la piscine, j'ai trouvé deux balles de tennis,
un emballage de McDo et un G-string.

Si vous voulez aller à l'hôpital Charles LeMoyne
de Greenfield Park, il faut d'abord aller à Boucherville.
C'est là que commence la file.

L'été, j'adore manger sur le barbecue.
Mais c'est chaud pour les fesses.

Un Newfie

Le Vieux-Port de Montréal est unique.
C'est le seul port où tu ne vois pas l'eau.

Je me rappelle la fois que j'avais fait du *nicking*
avec une fille au ciné-parc. Y a rien de pire.
Ça fait mal au cou en tabarnouche. Surtout quand
la fille est pas dans le même char que toi.

On a dressé la liste des voitures
les plus volées au Québec. En tête vient la Honda,
suivie de la Volkswagen et, ensuite, de la Toyota.
Pour ce qui de la BAR, elle vient au 64e rang,
juste derrière les calèches du Vieux-Québec!

L'expérience d'un déménageur se mesure
à la longueur de craque de fesses que l'on voit
quand il se penche.

Le gars est tellement maniaque du recyclage
qu'il ne sort qu'avec des femmes divorcées.

Lendemain de la Saint-Jean, on constate
qu'on a fêté, qu'on a bu et bien chanté.
C'est la fête des Québécois, et des langues comiques
disent que ce n'est pas un hasard si nous
avons choisi cette date: la «24» juin.

Non, Rodger, pas besoin d'avoir le câble
pour pogner la TVQ.

Je m'en vais faire le gazon, et mon fils est parti
jouer au golf. Il me semble qu'il y a quelque chose
qui ne marche pas là-dedans.

Ma blonde et moi, on n'a plus de problèmes
sexuels depuis qu'on fait chambre à part:
elle à Québec, moi à Hull.

Le propriétaire du dépanneur Wong Tremblay
affirme qu'il n'y a plus de coquerelles
dans son établissement.
Les souris les ont toutes mangées.

Suggestion pour déjeuner: demandez un 6.
C'est un 9 tourné.

Il y a tellement de visages à deux faces
chez les libéraux fédéraux que, la semaine passée,
ils ont essayé d'en entarter un et
ils ont manqué de crème.

Tellement poilu, il a été refusé
dans un camp de nudistes.

À Atlanta, un Noir est trouvé avec un couteau planté
dans le dos. La police l'a accusé de port d'arme
illégale.

Mon vrai nom, c'est Joseph Hervé Pardon Michel.
Le prêtre a fait un rot pendant qu'il me baptisait.

Combien de blondes pour faire un gâteau au chocolat?
Dix. Une qui brasse le mélange et neuf
qui épluchent les Smarties.

Tu es un *workaholic* si...

Ta dernière pause café remonte à la dernière grève de la compagnie.

La nuit, chez toi, en atteignant l'orgasme, tu cries: «Ouiiiiiii... Vendez!»

Pour t'endormir, le soir, non seulement tu comptes les moutons mais tu fais leurs impôts.

Ta douche téléphone a une boîte vocale.

Tu demandes aux pigeons si t'as des messages.

Tu es jaloux de ta maison parce qu'elle travaille.

Tu quittes plus tard le bureau pour compenser les fois où t'es allé aux toilettes pendant la journée.

Y fait frette quand...

Ton abri Tempo cogne pour entrer.

Tu payes une fille de rue juste pour te souffler dans les mains.

Ton dentier claque tout seul dans la tasse.

T'ouvres la porte du frigo pour te réchauffer un peu.

Y a pus une seule Lada dans les rues.

T'es gelé ben dur parce que t'as fumé le dernier joint d'étanchéité.

Les canards trouvent qu'il fait un froid d'homme.

Ton bonhomme de neige souffre d'hypothermie.

La semaine prochaine débute au Québec
le Festival de la Pluie et du Vent et on vous rappelle
qu'en cas de beau temps les activités
seront remises au lendemain.

Les politiciens, c'est comme les couches de bébés;
il faut les changer régulièrement, et ce,
pour les mêmes raisons!

La différence entre un macho et un pêcheur?
T'entendras jamais un macho se vanter
d'en avoir «pogné» une grosse.

Souvent, en regardant l'allure d'une jeune fille,
on peut lui prédire tout de suite le passé qu'elle aura.

Catastrophe en vue: le médecin lui a prescrit un laxatif
et lui a dit de rester au lit.

Un jeune avocat très prometteur et prodigieux
a réussi à obtenir son diplôme avant de terminer
ses cours. Il a réglé hors cours.

Je vous dis que mon fils n'a pas peur du travail.
Il le combat tous les jours.

Au Mondial, le terrain de soccer est tellement
grand qu'hier un Japonais, en s'échappant,
a eu le temps de prendre un 24 poses,
réparer trois vidéos et s'ouvrir un dépanneur!

Des chercheurs ont étendu du Viagra
sur un *green* de golf. Ils sont pus capables
d'ôter la pine.

J'ai trouvé un truc facile pour baisser
mon handicap au golf.
Je marque moi-même les points.

↩

Un motocycliste de passage sur la 132,
à la hauteur de Brossard, a eu le malheur de bâiller.
Il a avalé un kilo de mannes.

↩

Suggestion de slogan pour Viagra:
«S'il n'y a plus grand-chose dans votre vie,
c'est peut-être qu'il n'y a plus grand vie
dans votre chose.»

↩

Surpris en grande conversation dans le quartier gai:
le bonhomme Michelin avec Youppi. Ça serait pas des
bonshommes aux bonshommes, ça, par hasard?

↩

Comment profiter d'un appel érotique?
Tu prends ta pagette, tu la mets à «vibration»,
tu la glisses dans ton caleçon et tu te téléphones.

↩

Comparaison entre les jeunes filles
dans les aéroports de Toronto et Montréal?
Le nombril se porte plus haut à Montréal.

↩

Ce que je réussis le mieux en matière culinaire,
ce sont les réservations.

↩

En Saskatchewan, un homme qui s'était endormi
dans une poubelle a survécu à la compression
d'une benne à déchets avant d'être repéré
encore en vie dans un dépotoir. L'homme
se porte très bien sauf que, pour qu'il puisse ouvrir
la bouche, on doit lui peser sur le pied!

↩

S'il y avait plus de chirurgiens comme
Roch Thériault, d'après moi, il y aurait moins
de monde dans les hôpitaux.

C'est malheureux que les nouveaux souliers
à hautes semelles engendrent des maux de dos.
Pauvre Rodger Brulotte, pour une fois qu'il pouvait
voir dans son congélateur.

René-Charles tient beaucoup de ses parents.
On a appris que si ce n'était du Ritalin, René-Charles
aurait déjà cinq albums, trois Nickels et un casino.

Dans un camp de nudistes, un sikh,
il le met où son maudit kirpan?

Mercredi, en Suède, une partie du toit
de l'entrepôt d'IKEA s'est effondrée.
IKEA avise ses clients que la toiture
sera réparée dès qu'il va réussir à comprendre
les instructions du plan!

Trois bonnes raisons pour devenir professeur:
juin, juillet, août.

Étude sur la sexualité: rares sont ceux
qui ont commencé à faire l'amour en 69.

Tout le monde parle du Festival de Cannes.
Moi, je ne fais pas tout un plat
parce que je viens de finir mon premier film.
Demain, je vais en louer un autre.

Tout le monde s'en prend aux pitbulls. Moi, j'en ai un qui est très gentil. Il m'apporte mon journal tous les matins, et je ne suis même pas abonné.

À vendre. Bible avec beaucoup de pages manquantes.

Un évêque de Boston

Si je rencontre un ours mal léché, est-ce que je peux lui montrer comment faire?

Chose certaine, René-Charles, lui, aura un bon équilibre. Apprendre à marcher dans une limousine, ce n'est pas évident.

Il a tellement un gros bedon qu'il fait pipi par cœur.

Dans les toilettes des hommes:
— Dis donc! On t'a pas montré à te laver les mains quand tu as fini d'uriner?
— Non, on m'a montré à ne pas me pisser sur les doigts.

Une étude confirme que les ados d'aujourd'hui sont plus actifs sexuellement qu'il y a vingt ans. C'est sûr, il y a vingt ans, ils n'étaient même pas nés.

Rappel amical à tous les gagnants du Super 7. Un chroniqueur d'humour dans un journal, ça c'est fin.

C'était tellement lent à l'entrée du pont Jacques-Cartier hier soir. Il y a des squeegees qui ont eu le temps de faire l'intérieur.

Mots-valises

Musique à Bush: bruit de missiles inutiles.
Rince-Bush: nettoyeur à pays.
Mitsoupe: potage pour jolie animatrice.
Saddamiser: fuir son pays en entrant dans un trou.
Charesterien: état de promesse après une élection.
Pédévêque: prêtre de Boston.
Théodorloter: caresser un gardien de but.
Bélucas: baleine avec des gants de boxe.
Mecque-Donald: *fast food* islamique.
Patchyderme: éléphant qui essaie d'arrêter de fumer.
Ozzyosborgne: cyclope vulgaire.
Villeneuvième: ancien coureur automobile pour BAR.
Martobèse: gros marteau.
Médicamensonge: placebo.
Orgasmigraine: excuse traditionnelle pour ne pas baiser.
Phallusure: usage abusif du membre.
Yasserarien: négocier en Palestine.
Caribout-en-train: genre d'élan toujours su' l'party.
Coïtalie: orgasme obtenu avec une personne d'origine italienne.
Hôteléphone: cabine téléphonique dans laquelle on peut séjourner.
Libidodo: sommeil érotique.
Anarchives: archives toutes pêle-mêle.
Autotomate: tomate qui se sème et se récolte toute seule.
Calvicieux: chauve cochon.
Documenterie: notes d'un discours de politicien.
Poinzérohuître: moule prise dans un barrage.
Anodinde: farce plate.
Tylenoël: petit-déjeuner du 26.
Pierréliotruder: atterrir à Dorval.
Montraël: ville d'imposteurs clonés.
Irvigner: aller pêcher au Nouveau-Brunswick sur le bras.
Califournaise: côte ouest américaine en octobre.
Épuppy: biographie d'un chien de diva.

Je lui ai demandé sa main.
Je n'ai eu qu'un doigt.

↤↦

Ai-je bien lu? Céline trouve qu'elle
n'a pas assez de sein? Y me semble que deux,
c'est en masse.

↤↦

Une étude révèle que c'est en secondaire 3
que les élèves ont leur première relation sexuelle.
Ça, c'est une bonne raison pour ne pas décrocher.

↤↦

La Cour supérieure se prononce en faveur
du port du kirpan à l'école. On viendra pas se plaindre
ensuite des coupures dans l'enseignement.

↤↦

Un commandant américain a décidé d'organiser
subtilement de grandes retrouvailles familiales.
Une réunion de tous les Laden de la terre.

↤↦

Après le crucifix dans la salle du conseil municipal,
on veut maintenant changer le logo de Montréal.
Enfin, on s'occupe des vrais dossiers!

↤↦

Il y a un nouveau manège à La Ronde:
le «Dollar canadien». Une fois dedans, tu montes,
tu descends, tu montes, tu descends, etc.

↤↦

Trois cent quarante-deux prisonniers canadiens
ont fait une demande officielle afin de devenir sikhs.
Plusieurs ont déjà commandé leur kirpan.

↤↦

Maintenant que ma blonde s'est fait faire des mèches,
est-ce que j'ai des chances de l'allumer?

↤↦

Pensez-vous que je le sais pas que,
comme chroniqueur d'humour dans le *Journal*,
ma place devrait être au Festival de Cannes,
toutes dépenses payées? Mais ils m'écoutent pas.

On peut comprendre que le gouvernement
ferme des lits dans les hôpitaux,
mais il serait peut-être bon de vérifier
s'il y a encore des patients dedans!

Un pépère plié en deux

Un message aux Québécois qui arrosent
leur entrée d'asphalte: Arrêtez ça!
Y'en repoussera pas de la neuve!

Il y a tellement de monde dans les urgences
qu'hier, pour faire patienter les malades, ils ont
manqué de magazines *Châtelaine* 1986!

Sachant que Mom Boucher a un téléviseur
dans sa cellule, peut-il regarder le Canal Évasion?

Cette année aura lieu la Classique
internationale des danses à dix et ce sera
disputé à Saint-Tits.

Je trouve très bizarre que Stéphan Bureau
soit parti sans donner de nouvelles.

On dit que le gazon est toujours plus vert
dans la cour du voisin. Je suis allé voir. Il l'est.

Souffleuse à vendre, jamais sortie l'hiver.

En tant que chroniqueur d'humour dans ce journal,
pensez-vous que je le sais pas que ma place
devrait être à Porto Rico où se déroule le concours
Miss Univers? Mais ils m'écoutent pas.

Est-il vrai que quelqu'un qui a parcouru le pays
plusieurs fois en contant des menteries a pu
se retrouver avec la bouche croche?

Quelle désolante nouvelle! Britney Spears
n'est plus vierge. En plus, observez bien
si un jour on n'entend pas dire qu'elle est pognée
pour se marier obligée.

Mon voisin est dans un groupe de motards
qu'il ne veut pas que j'identifie. Mais il est quand
même étonnant que ces gars-là, aussi criminels
puissent-ils être, soient aussi ordinaires.
Ils n'ont l'air de rien. En fin de semaine,
par exemple, comme Monsieur Tout-le-monde,
il a organisé sa première vente de garage et ça ne
m'a coûté que 75 $ pour ravoir ma tondeuse.

Entendu dans une réunion de famille:
«Si c'est pas la belle Mélissa! Ça fait longtemps
que je t'ai vue, toi. Tu dois bien être rendue à seize ans,
si je me fie à ton chandail.»

C'est pas qu'il était mauvais, ton pâté chinois,
mais le broyeur a été malade.

C'est tellement plate à l'aéroport de Mirabel.
On a surpris des douaniers qui se fouillaient entre eux.

Comme autre chose, la fête des Mères évolue.
Il n'y a pas si longtemps, pour la fête des Mères,
c'est notre mère qui nous recevait à dîner.
Tout un cadeau! Elle se tapait la préparation, le service
et toute la patente. Et, après le repas, on lui disait:
«Laisse la vaisselle là. C'est ta fête, aujourd'hui.
Tu feras ça demain.»

↪

À Ottawa, dans les restos autour du Parlement,
on devrait demander aux clients politiciens
qui arrivent: «Section fumistes ou non fumistes?»

↪

Depuis la fusion, pour les policiers de Montréal,
c'est plus facile de faire parler les suspects.
Le bottin téléphonique est plus épais.

↪

Les murs sont tellement minces entre l'appartement
de mon voisin et le mien que, lorsque son téléphone
sonne, c'est mon répondeur qui part.

↪

Mirabel fermé, où va-t-on pouvoir manger deux œufs
bacon pour 15,25 $? C'est un pensez-y bien.

↪

Merçoui baucout ô dokteure ki ma presse-crie laid
médikaman conte la dou l'heure. i son parfè.
Pas des faits se gond dère et jusse acé for.
Joa ieux Na'el et pneux 4 sèzon. 2 mains ge ce ré là.

↪

Dans ma cour, c'est merveilleux de voir
comment le gazon est vite devenu vert.
Dommage que la piscine en ait fait autant.

↪

Dix ans plus tard

Au début, ils se font saliver.
Dix ans plus tard, ils s'en font baver.

Au début, ils échangent leur salive.
Dix ans plus tard, ils se crachent dans la face.

Au début, il lui dit qu'elle a une belle gueule.
Dix ans plus tard, ils se gueulent de plus belle.

Au début, ils ne se lassent pas de se regarder.
Dix ans plus tard, ils lâchent pas de se «tchéquer».

Au début, ils veulent jouer avec leurs bosses.
Dix ans plus tard, ça veut jouer aux «boss».

Au début, ils se font la cour.
Dix ans plus tard, ils se ramassent en cour.

Pour aider la culture des jeunes

Cuba: île découverte par quelqu'un qui avait les jambes courtes.

Islande: c'est l'Irlande avec une faute de frappe.

Japon: c'est ce que se disent les chiens face aux étrangers.

Libye: pays idéal pour justifier que tu n'étais pas ailleurs.

Rome: ville qui a inspiré la création des CD.

Syrie: pays où l'on rêve de scier Israël en deux.

Alors, on défusionne, oui ou non?

L'équipe Charest suggère quelques défusions:
Dix-Zarëli, Neuf-Chatels, Huit-Oriaville, Sept-Îles,
Six-Coutimi, Cinq-Sauveur, Quat-ineau,
Trois-Rivières, Deux-Montagnes et,
pourquoi pas, l'Un-gava.

Le Pape en a embrassé, des aéroports, dans sa vie.
Une fois, il a embrassé une piste en gravier.
Il s'est ramassé avec des pierres au foie.

Les parents de Stockwell Day étaient-ils gelés
comme des balles? Comment peut-on choisir un tel
prénom: Stockwell? Est-ce qu'il a une sœur qui
s'appelle Flybinn et un frère du nom de Schmilblick?

Mon fils est bien informé. Depuis que je lui ai refusé
de faire un party à la maison, vendredi prochain,
il m'appelle Le Pen.

On aurait réussi à décoder le langage
d'un chien pour aveugles et il a notamment
fait comprendre qu'il aimerait adopter un arbitre
de la Ligue nationale de hockey.

Le Québec est le seul endroit où l'on vend
des pneus à neige pour tondeuses.

Dans le sud, les golfeurs ont toujours
une main plus bronzée que l'autre.
Ici, ils ont toujours une main plus gelée.

Bravo à ceux qui ont mis sur pied
la Journée mondiale contre l'asthme!
Tout a été organisé en grandes pompes.

Automobilistes de Montréal, soyez vigilants
si jamais vous voyez un turban sur le sol.
C'est peut-être un sikh dans un nid-de-poule.

Après avoir été le premier touriste de l'espace,
le millionnaire Denis Tito veut maintenant être
le premier touriste à assister à un match des Expos.

«Hé! T'es-tu vu? T'es ben trop paqueté
pour prendre ton char.
Donne-moi tes clés, prends le mien.»

Tu sais, celle qui a signé «Femme ultra satisfaite»
dans le courrier de Louise Deschâtelets...
Je le sais que c'est toi, Carole.

Jean Chrétien aurait demandé à Élisabeth II
si elle avait un lien de parenté avec Jean-Paul.

Assister un criminel avant son crime,
c'est être complice.
Assister un criminel après son crime,
c'est être avocat.

Mon problème au golf, c'est que je suis
trop près de ma balle. Surtout après que je l'ai frappée.

Enlever les vêtements d'une femme
entraîne une dépense de 135 calories.
Seulement 12 calories si elle est d'accord.

Pour bien observer la théorie voulant
que tout ce qui monte redescend, surveillez l'autoroute
des Laurentides le vendredi et le dimanche.

Le parc Safari d'Hemmingford a survécu à la faillite.
Mais plusieurs girafes s'inquiètent à savoir
si cette transaction va faire monter les cous.

Bonne idée, les hot-dogs vendus dans la rue
à Montréal. On pourrait vous laver les dents, après.

Un squeegee débrouillard

Il a tellement venté hier que, sur une ferme
de Mercier, il y a une poule qui a pondu
le même œuf deux fois.

Les jeunes Québécois obèses? Ben voyons donc!
C'est pas parce que tu montes sur la balance et
que tu pognes une partie gratuite que t'es gros.

Imaginez qu'un serpent se mange la queue
puis qu'il n'arrête plus. Est-ce qu'arrive un moment
où il disparaît complètement?

Meilleur bilan routier au Québec depuis 1948.
Bravo! Et c'est vrai que nous roulons moins vite.
Il y a des jours sur la 20, on dirait que nous
sommes tous au volant d'une BAR.

Avis aux militaires canadiens en Afghanistan.
Même pour vous sécher les cheveux,
ne vous mettez jamais une serviette sur la tête.
Vous pourriez être bombardés par les Américains.

Mon fils a une nouvelle amie. Elle est sikh.
Une fille très belle et, en plus, elle est taillée au kirpan.

Les hivers sont tellement froids au Québec,
le mercure descend jusque dans les poissons.

Paul McCartney exige 1,5 million de dollars
pour une seule soirée au Centre Molson. Il exagère.
Le Canadien ne joue pas si mal que ça quand même.

La ressemblance entre le maire de Montréal,
Gérald Tremblay, et Michel Lacroix est renversante.
Si un soir, au Centre Bell, Michel Lacroix décidait
d'annoncer que les Expos viennent de lancer dans
le filet des Alouettes, plusieurs s'y méprendraient.

A beau mentir qui vient de loin des yeux,
loin du cœur. Proverbes enchâssés pour
quelqu'un qui a sauté la clôture en voyage.

Le temps, c'est d'argent qui fait pas le bonheur.
Proverbes enchâssés pour quelqu'un
qui attend un chèque en retard.

Confirmé: un réveille-matin, ça peut passer
au travers d'un mur de placoplâtre.

Un marabout du matin

L'expérience est une chose que tu acquiers
tout de suite après en avoir eu besoin.

Le petit sikh doit absolument aller à l'école
avec son kirpan pour respecter sa religion.
J'ai bien hâte de le voir prendre l'avion.

L'inventeur des talons hauts serait une femme tannée de se faire embrasser dans le front.

Un peu d'histoire pour les jeunes

Jacques Cartier: premier pont à avoir traversé l'Atlantique.

René Lévesque: homme politique qui a changé de nom. Il s'appelait Dorchester avant.

Louis-Joseph Papineau: homme qui possédait sa propre tête.

Pierre-Marc et Daniel Johnson: inventeurs d'un shampoing pour bébé.

Monsieur Net: homme distrait qui s'est lavé la tête avec son produit.

Trois-Pistoles

Au début de la colonie, un capitaine de bateau espagnol a échappé une tasse à l'entrée de la rivière où il puisait de l'eau potable. Il a perdu sa tasse dans le courant et s'est exclamé: «Voilà trois pistoles de perdues!» Une pistole est une pièce d'or. Ça devait être une maudite belle tasse. Une façon comme une autre de donner un nom à une ville. Heureusement que le capitaine n'était pas canadien-français car, aujourd'hui, la charmante petite ville côtière s'appellerait probablement «Christ-Ma-Tasse».

Mauvaise démocratie

Dans le meilleur des mondes, le Québec devrait former un gouvernement avec les trois chefs. Ça serait-tu parfait? Envoye donc, plus d'attente dans les hôpitaux; des docteurs dans toutes les régions éloignées; la semaine de quatre jours; les garderies à 5 piastres; plus une cenne de TVQ; fusions et défusions une semaine sur deux; baisse d'impôt; des millions et des millions pour les pauvres et les universités; des crédits d'impôt pour les vacances, etc. Ce serait les quatre plus belles années de notre vie.

Une personne sur quatre fait l'amour à trois.
Donc, c'est une personne sur deux.

Un mathématicien partouzeur

Si vous avez l'impression que les gens
se foutent de vous, que personne ne se soucie
de ce que vous êtes et de ce que vous faites,
voici quelques façons de vous rendre important ou,
tout au moins, d'attirer l'attention.
Sautez trois paiements d'auto,
stationnez devant une entrée de garage ou,
à 17 h 30, au centre-ville, restez immobile
quand le feu de circulation tombe au vert.
Vous allez voir, on va s'occuper de vous.

Un tour de force que réalisent plusieurs jeunes
conducteurs à casquettes à l'envers:
comment font-ils pour se faire construire
une Honda Civic autour de leur système de son?

Je ne sais pas ce qui se passe avec mon Mac.
Chaque fois que j'appuie sur le «e» immédiatement
après avoir appuyé sur le «é», la touche du clavier
reste colléeeeeeeeeeeeeeeeeeeeeeeee.

Fantasme de Madonna: se faire un soutien-gorge
avec les oreilles du prince Charles.

Après les commerces, des chirurgiens
veulent maintenant «ouvrir» le dimanche.

Il y a des pompiers qui sont rapides.
Quand ils sont arrivés, le pyromane cherchait du feu.

Le *Journal de Montréal* s'associe
aux pilules Ex-Lax. Quand ça te pogne,
faut que tu y ailles vite-vite-vite, vite-vite-vite-vite.

Saint-Hubert offre le spécial Chez Parée:
deux cuisses et une poitrine pour dix piastres.

Moi, je dis que ça sent les séries quand les filles
ne portent plus de bas de nylon. Passez le mot.

Il y a trop d'habitants à Shanghai.
Il paraît qu'au téléphone tu fais le 411
et il y a deux semaines d'attente.

En mourant, c'est sûr qu'on veut tous aller
au ciel. Mais tout d'un coup qu'on arrive là-bas
et qu'on ne connaît personne.

Avant, j'étais pas capable de toucher mon ventre
avec mes genoux. Mais depuis que j'ai voyagé
avec Air Transat, c'est réglé.

Si des hommes voulaient, par hasard,
voir Anne-Marie Losique sur Internet, je vous donne
son adresse: www point losique point de vêtement
bar oblique dans ton pantalon.

Les dépanneurs Couche-Tard sont ouverts 24 heures,
7 jours par semaine, 365 jours par année?
OK. Pourquoi les serrures après les portes,
dans ce cas-là?

Le coiffeur de Buckingham Palace
est complètement découragé.
Le prince Charles veut avoir un tour d'oreilles.

Terre-Neuve autorise l'avortement...
la liste d'attente est de dix mois.

Lu dans les toilettes des photographes
du *Journal de Montréal*: «Nous n'utilisons
que du papier Kodak.»

Pourquoi la CSST ne considère-t-elle
pas les MTS comme un accident de travail?

Une prostituée

Après avoir donné une causerie à dormir debout,
Bill Clinton aurait confié qu'il était devenu totalement
fidèle à son épouse, Hillary. Monica Lewinsky aurait
réagi: «Oh! j'ai de la misère à l'avaler, celle-là!»

Au ministère de la Santé, un fonctionnaire
a fait une erreur. En travaillant dans une pile
de dossiers, il s'est trompé et il a coupé son poste.

Vrai que le sel durcit les artères.
Les rues de Montréal,
toutes craquelées, en témoignent.

Le métro est dans le trou et les autobus
sont dans la rue. Tout va bien!

Le fleuve est maintenant entièrement dégelé.
J'ai beaucoup d'amis qui ne peuvent
pas en dire autant.

Ça y est, j'ai joué mon premier match de golf,
au Riviera, à Saint-Bruno. Terrain en étonnante
condition pour ce temps-ci. J'ai joué samedi,
j'ai fini de grelotter dimanche après-midi.

Avec les MTS, est-ce que je peux passer
mon vélo à n'importe qui?

Membre d'un club nudiste

Question existentielle: est-ce le sexe
qui sent le poisson ou si c'est le poisson
qui sent le sexe?

Des membres des AA ont décidé de jouer
la pièce *Broue* à leur façon.
Ça dure quatre minutes.

Vous savez, cette publicité sur Viagra où l'on voit le
gars sortir d'une maison en dansant de joie,
en sautant d'extase, en chantant comme un fou
et qui veut nous faire comprendre que,
grâce à Viagra, il a bien baisé? Au début,
je la trouvais drôle. Maintenant, après
l'avoir vue et observée à plusieurs reprises,
je la trouve pas mal moins tordante. Je viens de
découvrir que la maison d'où il sort, c'est chez moi.

Un homme dont la femme enceinte
est en train de perdre ses eaux: «Vite, amenez-moi
sur un terrain de golf, je veux voir un médecin.»

Si on rajeunissait le centre-ville, la rue University
deviendrait-elle la rue Secondaire V?

Hot-dogs

Il paraît que les Chinois mangent du chien. Il faut donc
s'attendre, en Chine, à des propos comme ceux-ci:

Venez-vous à la maison, ce soir, on fait un bouilli de
caniche?

Avec les collègues du bureau, ce midi, on est allé
manger un sushi-wawa.

Terrible, ton bouledogue à la mode, mais tu devrais
goûter à mon bouvier béarnais.

Il paraît que quand tu mets une tranche de pitbull dans
ton assiette, si tu fais «ti-kiss, ti-kiss», elle saute dans
l'assiette du voisin.

Le cri des oiseaux

Il est important d'être capable de distinguer le cri des oiseaux au centre-ville.

Petit oiseau ordinaire: «Pit! pit! pit!»

Petit oiseau du quartier gai: «Bite! bite! bite!»

Petit oiseau du secteur des prostituées: «Pute! pute! pute!»

Petit oiseau angle Saint-Denis et de Maisonneuve: «Pote! pote! pote!»

Petit oiseau sur le toit de l'hôtel de ville: «Twitt! twitt! twitt!»

Petit oiseau au-dessus des magasins IKEA: «Kit! kit! kit!»

Petit oiseau au-dessus de Molson: «Brrrrou! brrrou! brrrou!»

Le ver de terre

L'histoire m'a été racontée par Benjamin, huit ans. C'est un ver de terre qui se sort la tête du sol et qui jette un coup d'œil autour. Il voit un autre ver de terre qui fait la même chose que lui. Il le salue, l'autre ne répond pas. Il lui demande si c'est la première fois de la saison qu'il prend de l'air. L'autre ne répond pas. Il attend un peu et lui dit qu'un peu de pluie chaude leur ferait du bien. Toujours pas de réponse. Le ver retourne dans la terre et se dit: «Maudit! Je viens encore de parler avec ma queue...»

Un gars chaud a déboulé pendant trois heures
un escalier roulant qui roulait vers le haut.

Le gars qui a dessiné la Oh Henry!,
il pensait à quoi?

Merci aux piétons qui ont trouvé Rodger Brulotte
dans un nid-de-poule et qui l'ont ramené au *Journal*.

La taxe de 24 $ sur les billets d'avion
a fait réagir la plupart des voyageurs à Dorval.
À Mirabel, le passager a pas dit un mot.

À la RIO, des factures pour réparations
de la toile du Stade, on en a des tonnes de copies...
des tonnes de copies... des tonnes de copies...
des tonnes de copies...

Merci à saint Christophe pour faveur obtenue.

Un gars qui s'est fait voler sa Lada

Hé! Le gars qui a volé mes skis en fin de semaine
au mont Saint-Sauveur... veux-tu rapporter le char
qui était après, s'il te plaît?

Offre dans un motel du Lac-Saint-Jean.
Si vous prenez trois scotchs au bar, vous avez
un condom gratuit dans les chambres.
Et, dans les chambres, si vous utilisez trois condoms,
vous avez droit au scotch gratuit au bar.

Pourquoi, chaque fois qu'un camion d'ordures recule,
il y a un micro-ondes qui part?

Certains disent que la rue Sherbrooke devrait
devenir la rue Pierre-Elliott-Trudeau.
Imaginez le reporter à la circulation nous dire
tous les jours que c'est encore bloqué
entre Trudeau et Lévesque.

— Tu restes où, toi?
— À Longueuil.
— Où ça, à Longueuil?
— À Saint-Lambert.
— Où ça, à Saint-Lambert?
— À Préville.

Afin d'attirer le tourisme américain,
le ministère québécois de la Chasse songe,
dès l'automne prochain, à autoriser le *call* de l'orignal
dans les deux langues.

Un verre de vin par jour serait excellent pour le cœur.
On peut-tu prendre de l'avance?

— Et puis, ta première relation avec un condom,
comment ça s'est passé?
— Ça s'est bien déroulé.

Après Harry Potter, les golfeurs attendent
impatiemment la sortie de Harry Driver.

Gérald Tremblay n'a pas digéré qu'on aille
le réveiller à coups de trompette.
Il compte bien se venger des cols bleus
en allant klaxonner sous un viaduc. Il va en réveiller
une couple dans un camion de la ville.

Mon grand-père a quatre-vingt-dix ans
et il prend du Viagra tous les soirs. Ça l'empêche
de se tourner et de débouler en bas du lit, la nuit.

Avant, j'avais de la difficulté à mettre
mes verres de contact.
Maintenant, je fais ça les yeux fermés.

Les Gaspésiens sont dans le poisson à l'année.
Alors, le 1er avril, ils s'accrochent
des steaks dans le dos.

Dangereux, les nids-de-poule.
Des trous sournois et de plus en plus gros.
Deux Honda Civic ont été portées disparues.
Rue Notre-Dame, entre Atwater et McGill,
c'est intenable: j'ai perdu deux plombages.
Montréal est la seule ville où tu peux te faire
dépasser par tes enjoliveurs.

Les astrologues disent que l'avenir de René-Charles
est assuré, surtout en raison de ses gènes.
Il deviendra chanteur et sera son propre gérant.

Attention aux vents violents, aujourd'hui.
N'oubliez pas d'écrire lisiblement votre nom
à l'intérieur de votre moumoute.

Pratiquez-vous, à la maison, au cas où vous
devriez être hospitalisé. Couchez dans le vestibule.

J'ai tellement hâte d'aller à la pêche.
Je récite des vers avant de me coucher.

Le policier de la SQ qui tire le plus vite
est facile à reconnaître. Il lui manque trois orteils.

Connaissez-vous la poule sexuellement hyperactive?
Elle passe du coq à l'âne.

Conseil aux gens qui ont les dents jaunes.
Habillez-vous en brun.

La différence entre la cabane à sucre
et le prince Charles? À la cabane à sucre,
il y a des oreilles-de-Christ.
Le prince Charles a des Christ d'oreilles!

Bravo au fonctionnaire de Laval qui a zoné
un bras de la rivière des Prairies comme une ruelle.
Un gros bravo aussi à ce constructeur qui a quand
même décidé de bâtir des condos à quatre pieds
de la rive. Il est certain que vos condos vont
devenir très populaires. Surtout quand on va
les voir passer à Repentigny.

Quand tu entres chez les Hell's et que ton
surnom est Godasse, c'est sûr que ça va mal finir.

Les États-Unis qui limitent l'importation
de notre bois d'œuvre… Non mais, ça, ça fait scier.

Je me lance dans la vente de vibrateurs.
Installation gratuite.

Mettons qu'on oublie le clonage.
Mais peut-on faire une exception pour Guy Lafleur?

Le temps des fêtes

Vous voulez savoir d'où ça vient, «Boxing Day»?
De voir la gugusse que t'as achetée pour Noël rendue
à moitié prix, ça met un gars knock-out!

Dans les grands magasins, après les fêtes, tout le
monde est exténué. Même les stocks sont épuisés.

Il se peut que le père Noël soit un peu en retard. Hier,
il a été arrêté dans un barrage de la SQ et il a été obligé
de montrer ses papiers d'emballage.

Nouveau service pour les cokés: Opération Nez blanc.

Carte de Noël de Madonna: le père Noël est tout nu sur
sa carriole et il fouette la Fée des Étoiles.

Une carte de l'impôt: Joyeux Noël et Bonne année...
Dernier avis.

Selon nos recherches, le père Noël serait le premier
représentant des familles monoparentales.

Pour ceux qui ne vont à l'église qu'une fois par année,
le prêtre est facile à reconnaître: c'est le seul qui a
un tapis dans le dos.

Hé, les pressés! Apportez vos cadeaux au service de
photos de Costco. Ils développent en une heure.

Les temps changent. Aujourd'hui, les enfants
regardent la crèche de l'Enfant Jésus et se demandent
qui de Marie ou de Joseph en aura la garde.

On a placé trois vibrateurs sous l'arbre de Noël et
trois anges sont venus.

C'est lorsque arrive le temps des fêtes que les
vendeurs de sapins se mettent au «bouleau».

On m'a promis que je passerais Noël au chaud.
J'ai assez hâte.

Une dinde

Le père Noël aurait fait une petite dépression l'été dernier. Il a consulté et maintenant il peut continuer à cheminer.

En partant du pôle Nord, le père Noël s'est blessé dans le haut de la cuisse. Plus précisément, juste au bas de l'aine.

À cause de ses oreilles, le prince Charles ne fera plus jamais le père Noël. L'an passé, il est resté coincé trois heures dans la cheminée du Palais.

Il est faux de croire qu'on n'entend pas assez parler du Christ en ce temps des fêtes. Hier, mon voisin installait ses lumières de Noël et j'ai entendu son nom très souvent.

Je me suis acheté un arbre de Noël chez IKEA: dans la boîte, un tronc, six branches et 30 000 épines.

L'arbre de Noël de trente pieds sur le site du Rockefeller Center est un cadeau du Canada. C'est une façon à nous de passer un sapin aux Américains.

Vingt-cinq sapins de vingt dollars à la mairie. Excellent! Enfin, il va y avoir des lumières à l'hôtel de ville.

En dessous de l'arbre, c'est le cadeau qui dit à l'autre: «Hé! C'est le fun Noël, hein? Regarde autour de nous, tout le monde est emballé.»

Ce soir, les bénévoles d'Opération Nez rouge seront les motards du chapitre de Trois-Rivières. Tu les appelles et ils viennent juste chercher ton char.

Quand vous regarderez les états de compte de vos cartes de crédit après les fêtes, vous allez mieux comprendre pourquoi le père Noël est habillé en rouge.

C'est le fun, les partys de bureau. C'est pas long que la gêne tombe et, des fois, le slip aussi.

Les fidèles d'une paroisse dans la ville
de New York ont demandé à l'Église
de prévoir une messe de minuit. C'est impossible.
Le curé doit être revenu en cellule pour dix heures.

C'est frustrant quand il y a des grèves
ou des lock-out à Radio-Canada. Pendant ce temps-là,
les téléspectateurs sont privés de nouvelles.
Il y a les autres chaînes, bien sûr, mais comment
va-t-on savoir si les récoltes en Lituanie
ont été bonnes? Comment savoir si le produit intérieur
brut du Béloutchistan se maintient?
Et la mousson en Indonésie? Et même, plus près
de nous, qui va nous informer de la grève du transport
en commun à Regina? On a l'air fin, là.

Travaux sur Décarie. On refait les plombages?

Incroyable, la violence au cinéma. J'étais pas sitôt
entré qu'y en a un qui déchirait mon ticket.

Il y a trois voies sur la Métropolitaine:
une pour dépasser, une pour la vitesse moyenne
et une pour sacrer.

Le dix est frimé

La nature a-t-elle accroché sur le nombre 10?
Dix commandements.
Nous avons tous dix doigts, dix orteils.
Guy Lafleur
Les danses à dix.
Le Gala de la Dix.

Vous ne l'avez pas remarqué, mais Rodger Brulotte
joue dans le film *À hauteur d'homme*. C'est lui,
les cheveux qu'on voit passer dans le bas de l'écran.

La fille du designer Tommy Hilfiger vit
un syndrome inquiétant. Cette très jolie fille
vit un drame chaque fois qu'elle a un nouvel amant.
Elle est d'abord attirée par cet homme.
Elle se sent ensuite très excitée et dès qu'il enlève
son pantalon et qu'elle voit le nom de son père
sur son caleçon, elle est incapable d'aller plus loin.

Au téléphone, à Ottawa, un ministre libéral
avec un haut fonctionnaire:
— On va procéder à des coupures de postes.
Vous allez congédier huit de vos fonctionnaires.
— Impossible, Monsieur le Ministre.
On en a seulement cinq.
— Dans ce cas-là, embauchez-en trois.

N'oubliez pas! Ce soir à minuit, on change la date.

Il en est arrivé toute une hier à Mirabel:
un avion a atterri.

Confirmé: les squeegees gauchers nettoient
mieux le pare-brise du côté du conducteur.

La Sûreté du Québec a saisi un camion modifié
pour les Hells. Il tire des quatre roues.

Avez-vous remarqué? Dès que Riopelle a mis les pieds
au paradis, le ciel a changé de couleur.

Scène politique internationale.
Logiquement, il faudrait que Bush mange Poutine.

Aux gens qui prétendent que l'eau de Montréal
est bonne à boire, peut-on connaître votre source?

Un chien s'est sauvé pendant sa castration.
Paraît qu'il est parti rien que s'une gosse.

Jean Charest aurait compté sur l'ouragan Isabel
pour défusionner quelques villages.

Christian Tremblay, qui s'est fait connaître
pour avoir incité ses élèves à piétiner une image
de Jean Charest, a pu réintégrer ses fonctions.
La photo, elle, a été jetée dès que Pierre Paradis
a eu fini d'user ses semelles dessus.

Est-ce parce qu'il a un nom de fille que l'ouragan
Isabel faisait le ménage de même?

L'Express de Montréal aura été la dernière
équipe de crosse professionnelle au Québec,
si on ne tient pas compte des pétrolières.

Avec l'arrivée probable au Québec de vents violents,
l'ex-maire Bourque va peut-être passer
quelques heures avec une main sur la tête.

Si, lorsqu'un ouragan survient, je perds mon toit,
est-ce que je suis couvert?

Dans la catégorie «Je sacre, à la TV»,
Michèle Richard vient de devancer Bernard Landry.
Toutefois, dès que la promotion
du film *Elvis 3* va commencer, Falardeau
devrait reprendre sa place de leader.

Si on me téléphone pour me dire qu'il va neiger,
est-ce que je mets la pelle en attente?

Des scientifiques annoncent qu'ils ont trouvé
le gène de l'obésité. Ils l'ont trouvé dimanche passé,
ben «effoiré» devant la télé avec un gros
sac de chips au vinaigre.

On ne sait pas trop ce que retiendront
les enfants qui liront les contes de Madonna.
Mais, au moins, ils vont savoir «frencher».

Dans son programme sur l'éducation,
Arnold Schwarzenegger a placé la note
de passage à 150 livres au *bench-press*.

Content d'avoir terminé son travail de délateur,
Godasse Gagné voudrait maintenant louer
le *bachelor* de Saddam Hussein.

En raison des fameux tournages à droite
interdits à Montréal, trois participants, au dernier
marathon, n'ont jamais été vus au fil d'arrivée.

Madonna veut un troisième enfant.
Deux équipes de la NFL et une de la NBA
se sont montrées intéressées.

Michael Jackson serait venu à Montréal
pour se faire fusionner le visage.

Chez les libéraux, Paradis, c'est l'enfer.

L'intervention des policiers auprès
des piétons était devenue nécessaire.
Il y en a qui exagèrent. Des têtes folles marchent
maintenant jusqu'à deux kilomètres à l'heure
dans la voie de droite du trottoir.
Ne soyez pas surpris si, bientôt, un inconscient
se fait suspendre ses souliers pendant un an
parce qu'il a marché en haut de 0,08.

Mon ami Victor n'aime pas mon ami
Michel Villeneuve de TQS: «Lui, certains soirs,
à 110, je le mettrais sur le 220!»

Voici la liste des nouveaux cours
d'éducation physique au secondaire:
le 3 km, fond de culotte qui pend;
le nombril à relais;
le saut en longueur, souliers détachés;
le combiné évaché devant la télé.

J'ai reçu ma nouvelle carte du club échangiste.
En haut de mon nom, il y a un espace vide
et c'est écrit «Photo du membre».
Je mets quoi?
Bon d'accord, je vais mettre la photo
de mon visage, parce que si je mets
celle du «membre», ça risque
de déborder du cadrage.

Calembours

Pour être ramoneur, il faut avoir de la suie dans les idées.

Méfiez-vous des enfants qui passent trop de temps sur les ordinateurs. Ils ont toujours des plans de meg.

Est-ce que Gordie Howe était le père de Théod?
Un gars qui suit pas tellement ça.

Cou'donc, cette décision de quitter CKAC, ça remonte Arcand?

Il vient d'être autorisé à distribuer Viagra en Russie. Bravo à Vlakiri Paskaslev.

Les joueurs qui, à l'étranger, joueront comme des poules, ont juste à rester chez œufs.

Au sujet des prévisions pour la coupe Grey, les opinions dix verges.

Et si les États-Unis ont une vache folle, c'est en-cow la faute du Canada.

Nouveau slogan du club échangiste: Bon à s'en lécher les trois.

Gomme que l'on mâche en tandem: la bi-Chiclet.

Au début, j'avais dédain de manger du poisson cru. Maintenant, je ne me fais plus de sushi avec ça.

Histoire d'un cycliste qui tombe amoureux: un vélodrame.

Au golf, chaque fois que je joue avant de déjeuner, j'en muffin.

On ne veut tenter personne mais, selon une enquête de la rue, chez les prostituées, les prix sont à la baise.

Nom des religieuses québécoises qui œuvrent en Afrique: les blanches à voile.

Homme tellement petit, obligé de mettre des fausses
semelles dans ses condoms.

Les hommes préféreraient les vierges
parce qu'ils en arrachent avec la critique.

Le club vidéo de Bagdad a fait savoir
que Saddam Hussein a une dette de plus
de 300 dollars pour deux films non retournés.

En Colombie, la police a découvert des plants
de maïs cachés dans les champs de marijuana.

Le chef d'orchestre de Céline
est-il victime de discrimination?
En visite en Colombie-Britannique,
on a interdit à Mégot de se balader en forêt.

Toute la nuit, j'ai rêvé que je mangeais
du spaghetti, et, lorsque je me suis réveillé,
il n'y avait plus de cordon à mon pyjama.

Au ciel, le Grand Antonio aurait ouvert
les portes du paradis avec ses cheveux.

Aux funérailles du Grand Antonio,
c'est le cercueil qui a porté le corbillard.

Mirabel, cet aéroport déserté...
Pourrait-il devenir l'aéroport Mario-Dumont?

Un ours, c'est pas dangereux tant
que t'en rencontres pas.

Chérie, as-tu quelque chose à me dire
avant que la saison de hockey commence?

Monsieur Landry, si vous continuez
à sacrer après les Québécois, vous allez
vous ramasser avec un aéroport à votre nom.

Les recettes de Frank Cotroni seront
certainement très lues. Voilà des années
que la police en recherche la provenance.

Excellentes, les recettes du livre de Frank Cotroni.
De bons plats avec un Bordeaux.

Si je comprends bien, pour Bernard Landry,
la politique, c'est sacré.

Le baiser de Madonna à Britney Spears
était dégueulasse. Si y en a un qui le sait,
c'est bien moi, j'ai pris la peine de le regarder
cinquante-deux fois.

Avec tout le pot qu'y a dans les champs,
au Canada, les vaches peuvent bien devenir folles.

Content de savoir que chez Bombardier,
Ski-Doo va rester dans la famille.
Mais, avec le prix de l'essence, moi, il y a bien
des chances que Ski-Doo reste dans le garage.

Paul Martin a déjà suggéré le nom de
Jean Chrétien pour l'aéroport de Dorval.
Il voulait le voir décoller.

Plusieurs ne comprennent pas ce long baiser
que se sont donné Madonna et Britney Spears.
Pourtant, il était dans les deux langues.

Pourquoi pas Bernie Ecclestone pour superviser
les auditions de *Star Académie*?
Il est excellent pour faire chanter le monde.

Rodger est tellement petit, l'hiver, dans sa bagnole,
il met des tapis sauve-chandail.

Ça donne rien aux étudiants d'avoir un cellulaire
en classe. De toute façon, avec un baladeur
sur la tête, tu ne l'entends pas.

Il paraît que les vendeurs de meubles
qui sont incapables de prononcer leur «r»
sont beaux et matinaux.

Statistiquement, si les Tim Hortons
et les Dunkin' Donuts continuent à proliférer,
dans deux ans on va manquer de policiers.

Le gouvernement du Québec s'oppose
à toute forme de taxage à l'école.
Il déteste la compétition.

À Calgary, on trouve que les Flames
sont peut-être allés trop loin dans leur campagne
de promotion cet été.

Message à celui qui avait perdu les 10 billets
de 100 dollars tenus par un élastique: vous pouvez
me joindre au *Journal*. J'ai trouvé l'élastique.

Devons-nous comprendre que si les banques
font autant d'argent, c'est qu'elles font
leurs placements ailleurs que dans leur établissement?

Augmentation des divorces pendant
que l'on débat de l'union des partenaires
du même sexe dans un Québec qui parle
toujours d'indépendance après les fusions
des municipalités qui ont défusionné de nouveau.
Faites-vous un dessin.

Cinquante-quatre parties protégées.
Je suis très contente de savoir
que mon chum protège ses parties.

La blonde d'Éric Gagné

Il reste encore des places à l'école
des Témoins de Jéhovah pour le cours
Comment cogner dans une porte moustiquaire.
Faites vite, réveillez-vous!

Désormais, défense de sourire sur le passeport.
Donc, ayez le même visage que celui qui le vérifie.

Bonne chance aux 500 000 nombrils
qui entament l'année scolaire.

Aux États-Unis, un enfant est tellement obèse
que, à la suite de sa disparition, il faisait
les quatre côtés du litre de lait.

Anne Dorval est catégorique.
Elle ne veut pas s'appeler Anne Elliott Trudeau.

C'est vrai qu'a...

Quand elle bouffe des mets indiens, c'est vrai cari.

Quand elle mange un morceau de pieuvre, c'est vrai calmar.

Quand la maîtresse dit qu'elle est en classe, c'est vrai cahier.

Quand elle dit à la cliente que la sacoche en crocodile vaut vraiment le prix indiqué, c'est vrai caïman.

Quand il y a de la musique, c'est vrai cadence.

Après avoir entendu une blague sur les obèses, c'est vrai calorie.

Quand elle prend l'habitude de toucher la cible, c'est vrai cartouche.

Quand elle s'amuse à farcir les gens de ses jeux de mots, c'est vrai calembour.

Quand on la ronge de blagues, c'est vrai castor.

Souvent, quand elle s'est soulagée une fois, c'est vrai carpette.

Quand elle dit qu'elle n'a pas l'intention de partir, c'est vrai caresse.

Quand elle boit du jus, c'est vrai carotte.

Inventions récentes

Échelle sans barreaux, conçue pour laver les fenêtres du sous-sol.

Thermos mince qui conserve les boissons à la température de la pièce.

Moustiquaires sans trou pour l'hiver.

Tapisserie transparente pour qui aime la couleur de ses murs.

Pénis artificiel pour transsexuels opérés qui sont redevenus aux femmes.

Télé sans images pour les mordus de la radio.

Motocyclette stationnaire pour motard qui veut se mettre en forme.

Un lecteur affirme que notre journaliste
Michel Auger a des couilles d'acier.
Je suis de son avis, mais je ne le connais
pas assez pour vérifier.

Défense de sourire sur les passeports.
Bon, ça y est, Pat Burns est rendu à l'immigration.

Plus vous faites de retraits, moins vous
avez d'argent à la banque. Pour Éric Gagné
des Dodgers, c'est l'inverse.

Ceux qui prétendent qu'il n'y a plus de coupures
dans les hôpitaux sont des menteurs.

Un nouveau circoncis

Nouvelle réglementation à l'aéroport
Pierre-Elliott-Trudeau: anglophones en classe affaires
et francophones en classe économique.

Besoin d'un endosseur pour faire plein d'essence.

Propriétaire d'un motorisé

On demande homme pointilleux pour faire les lignes
en pointillé dans une usine de papier de toilette.

On cherche un technicien en caoutchouc mousse.
Horaire flexible.

Un ex-joueur de baseball qui s'était trouvé
un emploi chez Brault et Martineau vient d'être
congédié. Il volait des coussins.

Larry Flynt, propriétaire du magazine *Hustler*,
continue toujours de mousser sa candidature en vue
de devenir (lui aussi) gouverneur de la Californie.
Son programme politique est le seul
avec page centrale qui se déplie.

Faites plaisir à un intellectuel.
Dites-lui que vous ne le comprenez pas.

Avez-vous 43 ans? Vous avez le même âge
que la télévision couleur. C'est la BBC à Londres qui,
le 22 août 1960, diffusait la première émission
en couleurs. À cette époque, nos téléviseurs
étaient tous reliés à une grosse antenne sur la toiture
ou à deux petites antennes placées sur l'appareil.
C'est ce qu'on appelait des oreilles de lapin.
Élisabeth II, elle, captait déjà ses émissions
avec deux soucoupes: les oreilles de Charles.

J'aime ça, les anniversaires. Comme demain,
23 août, il y aura 462 ans que Jacques Cartier
mettait le pied au Canada (ou au Québec,
selon votre sexe). C'était en 1541 et Cartier
avait pu faire ce troisième voyage grâce
aux milles Aéroplan qu'il avait accumulés
dans les deux premiers.

Jean Perron ne doit pas être content
de la décision du tribunal. Ça doit être pour ça
qu'il ne réagit pas. Motus et bouche-que-veux-tu.

Il y avait encore une surcharge d'électricité
hier au Québec. Mais, dès que Jean Charest a
débranché son fer à friser, tout est rentré dans l'ordre.

Et si on inversait les rôles.
Samedi, on se lève tous de bonne heure
et on va cogner chez un Témoin de Jéhovah.

Encore aux prises avec des problèmes
de boussole, le navire de guerre canadien *L'Iroquois*
aurait été vu au centre-ville de Saint-Jérôme.

Le Général Motors, sans doute très occupé
à compter ses bidous, devrait tout de même
prendre quelques minutes de son temps et
donner un coup de fil à un de ses conseillers
ou concessionnaires québécois avant de choisir
le nouveau nom d'une bagnole. On nous apprend
que la Buick Regal, en 2005, deviendra
la Buick Lacrosse. Ça va être beau
chez le marchand de voitures:
«Madame, puis-je vous faire essayer Lacrosse?»

Chez le Canadien, le colosse Sheldon Souray
serait dans une forme resplendissante. Il possède
tous les atouts pour faire peur à l'adversaire,
mais il devrait quand même suivre des cours
de chien sale.

Vrai que l'électricité est revenue
un peu partout aux États-Unis mais, dans la tête
de Bush, oubliez ça, la lumière ne reviendra pas.

Dites-moi pourquoi, au cinéma, c'est toujours le toton
assis au milieu de la rangée qui va acheter
des cochonneries et pisser au milieu du film.

Un résidant de Châteauguay vient d'inscrire
sa maison aux Régates de Valleyfield.

Pat Burns, après avoir gagné sa première coupe
Stanley, vient de passer un été merveilleux.
Sur le point de retourner au New Jersey,
Pat prévoit arrêter de sourire le 24 ou le 25.

Les ados portent-ils leur pantalon trop bas?
Attention, ça se peut, un fond de culotte
qui attrape de l'herbe à puce.

Proprio du magazine *Hustler*, Larry Flynt
veut aussi devenir gouverneur de la Californie.
À côté de son nom, sur le bulletin de vote,
vous faites trois X.

Nouvel avertissement sur les paquets
de cigarettes: «Attention, le tabac peut
maintenir un Grand Prix en vie.»

MétéoMédia prévoit des baisses
de revenus considérables. Les employés
veulent être payés au millimètre.

Si Jean Charest demeure frisé,
est-ce que c'est pour éviter la séparation?

Encore une hausse des articles scolaires.
Le kirpan est rendu à 79 $.

Bravo à Ottawa pour ses allègements
fiscaux aux compagnies pétrolières.
Ça fait du bien de savoir que notre argent
peut aider des moins nantis comme Esso,
Shell et les autres. Un téléthon avec ça?

Définitions

Sportif exécutif: membre d'un club sportif climatisé pour prendre des bains sauna.

Recenseur: personne, accompagnée de quelqu'un qu'elle ne connaît pas, qui échange des commentaires sur la décoration de ton vestibule après avoir pris ton nom en note.

Préposé au bureau de scrutin: personne accompagnée de quatre autres personnes du même club de quilles qui sont assises derrière une table et qui boivent du café en essayant de deviner pour qui tu vas voter.

Scrutateur: personne qui connaît quelqu'un qui connaît quelqu'un qui connaît quelqu'un qui a un frère qui a déjà été scrutateur. Cette personne vérifie les boîtes de scrutin après avoir commandé le Saint-Hubert au souper.

Directeur général des élections: personne ayant préférablement une lettre entre son prénom et son nom, et qui donne un gros coup pendant un mois tous les quatre ans.

Réveille-matin: instrument inventé pour réveiller les gens qui n'ont pas d'enfant.

Secret: information confiée à une seule personne à la fois.

Mariage: union de deux personnes pour traverser des épreuves qu'elles n'auraient jamais connues si elles étaient restées seules.

Du pareil au même

Météo depuis une couple de semaines. Nuages entrecoupés de passages nuageux. Possibilité de pluie mêlée d'averses ou de quelques ondées. Après l'orage, un brouillard brumeux avec de la bruine. Les nuages disparaîtront en fin de journée, mais il y en aura d'autres en dessous et par-dessus ceux qui sont plus hauts. Demain, ennuagement en matinée, suivi d'une percée de soleil de huit secondes en fin de journée.

Nouvelle mode pour les vieux qui retournent
en enfance: un dentier avec des broches.

Dans l'histoire Théodore, on cherche
à savoir quelles sont les sources du journaliste
Michel Auger. Il me semble que si j'avais à trouver
des fuites autour de José, j'interrogerais sa défensive.

Trois évêques de Boston entendent organiser
une grande manifestation contre le mariage
des gais. Ils feront connaître la date dès
qu'ils seront en probation.

S'il y en a un qui est toujours au singulier,
c'est bien le mot *pluriel*. Et s'il y en a un qui est
toujours au masculin, c'est bien le mot *féminin*.

En tant que «gouvernator» de la Californie,
Arnold Schwarzenegger croit être en mesure
d'enrichir tous les contribuables. C'est ce qu'a fait
savoir Pinocchio, son attaché de presse.

Une centaine de bandits sont en liberté au Québec.
Est-ce que ça comprend les voyants, les remorqueurs,
les huissiers et les vendeurs de chars usagés?

En recevant l'Ordre du Canada,
Gilles Latulippe a déclaré: «Ça me fait drôle.
D'habitude, c'est la belle-mère
qui me donne des ordres.»

Maudit que je m'entends bien avec mes voisins
depuis qu'ils sont partis en camping.

Le gouvernement veut envoyer 57 millions
aux itinérants, mais les fonctionnaires ne trouvent
pas les adresses pour poster les chèques.

Message à l'Indien responsable de la danse
de la pluie: si tu veux t'asseoir, te reposer
une couple de jours, ça choquera personne.
Tiens, mieux que ça, t'arrêtes deux jours
et je te prends une caisse de du Maurier.

Votre maison a-t-elle un sous-sol fini?
Ben le mien aussi i'est fini!

Un riverain de Batiscan

Au moins quatre cents prêtres ont été écartés
de l'Église dans le cadre d'affaires d'abus
sexuels depuis un an. C'est l'enfer!

Si jamais vous voulez vivre cette expérience
incroyable, angle Taschereau et des Prairies,
à Brossard, on a le droit de tourner
à droite au feu rouge.

Un seul pensionnaire à la maison de retraités
refuse de prendre du Viagra: il veut faire bande à part.

Fin de soirée dans un bar:
«Bonsoir, mademoiselle. Est-ce que c'est la première
fois que vous venez souvent ici seule ou avec
vos parents, chez vous ou chez nous?»

Après avoir eu un compte de banque
de trois cents millions, Mike Tyson fait faillite.
Plus rien dans le garde-manger.
Il va recommencer à manger des oreilles.

Trouvant que le temps passait trop vite,
en vacances au Québec, Jacques Chirac
a décidé d'aller passer quelques jours
avec Jean Chrétien.

Les inondations ne font pas que des malheureux.
Un propriétaire de Laval a vendu sa maison
à quelqu'un qui l'a vue passer à Repentigny.

Yvan Demers se tient au stade du Maurier.
Amateur de tennis, il a perdu son divorce en trois sets:
un set de chambre, un set de salon et un set de cuisine.

Tout le monde devrait pouvoir se marier:
les hétéros, les homos, les animaux,
les autos, etcetero.

Le Barreau

Le tournoi de golf des employés de la ville
s'est disputé en quatre heures. Mais, sur leur feuille
de pointage, ils se sont mis six heures.

Michèle Richard a accepté de participer
au Festival de montgolfières de Saint-Jean
après qu'on lui eut juré qu'elle n'était pas
obligée de souffler dans les balounes.

Bravo à ce couple qui entre dans le *Guinness*
après avoir dansé pendant cinquante et une heures.
Ils ont terminé leur exploit en dansant
et en sentant le triple swing.

Au concours de mangeurs de hot-dogs,
moutarde seulement, c'est un Québécois
qui porte le maillot jaune.

Les temps sont durs, c'est pas drôle
d'être cassé en plein milieu de l'été.

Une vitrine de la rue Sainte-Catherine

Dans une classe de troisième année,
une enseignante mousse la vente de photos
de groupe de ses élèves: «Vous devriez en acheter
une et la garder précieusement. Dans vingt ans,
vous pourrez la regarder et découvrir qu'untel
est devenu avocat, qu'unetelle est maintenant
médecin, etc.» Une petite voix se fait entendre au fond
de la classe: «Et la maîtresse, elle, en arrière,
elle a des cataractes et elle porte des couches.»

Le maire Tremblay aurait aimé voir
les Rolling Stones au Centre Bell.
Il est prêt à parier sur eux. C'est son équipe.

Dans les pubs de Wal-Mart, depuis des années,
ils disent que les prix baissent tous les jours.
Un jour, ce sera sûrement gratuit.

Vraie façon de se faire bronzer:
avec une crème 15, passez une heure sur le ventre,
une heure sur le dos et, ensuite, piquez-vous
avec une fourchette pour savoir si vous êtes assez cuit.

George W. Bush: «Si les Américains
n'arrêtent pas de me critiquer, j'envahis leur pays.»

Merci à tous ceux qui ont parlé abondamment
du Tour de France.

France D'Amour

Chaleur humaine

On est créé d'une «étincelle» d'amour et souvent dans
une nuit «torride».
Dès nos premières années, on est la «flamme» de nos
parents.
Ensuite, on se fait «chauffer» les fesses jusqu'à
l'adolescence.
Suit cette période où un rien nous «allume».
Dans la vingtaine, on pète le «feu».
Ensuite, on «flambe» notre argent jusqu'à 65 ans...
À 70 ans, on est «brûlé»...
À 75 ans, on se ramasse dans un «foyer».
À 80, on «s'éteint»...
... pour se faire ensuite incinérer.

Dur de dur

Mémo à Simon que je ne vois pas souvent le matin avant qu'il parte pour le cégep. Tel que nous l'avions vu, l'an dernier, dans un de tes devoirs de sciences physiques, le diamant est peut-être la matière la plus dure sur cette terre, mais, je dois avouer que le beurre de peanut laissé dans le frigo, comme tu l'as fait hier matin, ne donne pas sa place. T'a pognes-tu?

Expressions dont on doit se méfier

C'est notre priorité première.
Quelle cuisson?
Virage à droite autorisé.
Arme de destruction massive.
Votre appel est important pour nous.
Certaines conditions s'appliquent.

Est-ce que *Journal de Montréal*, au pluriel,
c'est Journaux de Montréaux?

Une bonne à rienne en français

René ne sait plus quel bijou offrir à Céline.
Il a même pensé lui acheter
une chaîne... de montagnes.

Pluies abondantes à Hemmingford.
Un mouton a refoulé de six pouces.

Nouveau service de repas pour gens pressés
sur les vols d'Air Canada: le service au hublot.

Les Suisses seraient les champions
du monde du recyclage. On n'a qu'à penser
au retour de Sweet People.

Les sonars pour voir les poissons,
c'est des menteries. La preuve? Quand t'en pognes un,
tu le vois jamais sortir de l'écran.

C'est pas le temps d'aller sur le lac.
Depuis le matin que le ciel s'enfant-de-chiennise.

Les truites sont exactement comme les golfeurs:
elles s'en viennent en zigzaguant et, tout à coup,
bang! elles attaquent le ver.

Afin de régler le partage des biens avec son ex,
Michèle Richard, Yvan Demers avait embauché France
Corbeil pour les voitures, le père de Théo pour
les comptes de banque et lui-même pour les tableaux.

Le Grand Canyon, y a rien là…

Un gars qui sort d'un nid-de-poule rue Papineau

Drame dans un magasin de meubles
de Toronto: on a décelé une bactérie
mangeuse de chaise.

Si le pot a vraiment des qualités
médicinales, y en a une maudite gang
qui ont guéri au show de Metallica!

C'est vrai que tout est plus gros aux États-Unis.

*Un gars qui s'est fait fouiller par un
douanier avec des gants de caoutchouc*

Les prisonniers du Québec veulent se syndiquer.
Parmi leurs revendications: une journée portes
ouvertes par année et pas de temps double,
encore moins des heures supplémentaires.

Il paraît que le Viagra, c'est quatre heures d'érection.
On fait quoi pendant le reste des 3 heures 45?

Constat d'un économiste français sur l'insécurité
sociale: «Ça prend des couilles pour faire des gosses.»

Il est étonnant, dans l'histoire, que l'invasion
des Huns n'ait pas eu lieu en 1111.

Quand l'incroyable Hulk se transforme,
avez-vous remarqué que c'est sa chemise qui se
déchire, pas son pantalon? C'est ça, le problème!

Sa femme

Coup de sécheresse au centre-ville.
Déshydraté, un chauffeur de taxi a sué en poudre.

Rodger Brulotte n'est pas très favorable aux défusions.
Le nouveau bottin de Longueuil est juste
de la bonne épaisseur sur son siège de voiture.

Les gars arrêtés au parc Lafontaine
ont été faciles à conduire au poste.
Il y en avait trois qui possédaient déjà leurs menottes
et deux qui portaient un harnais de cuir.

Le père de José Théodore prédit que l'intérêt
pour le hockey va augmenter.

Charest, en campagne électorale, avait dit
qu'il allait dégraisser. Il a désossé!

Il est contre l'avortement depuis sa naissance...
et même avant.

Quand je pense que Britney Spears n'est plus vierge.
Honnêtement, ça m'a donné un coup.

Michèle Richard a voulu vivre son divorce
discrètement. C'est ce qu'elle avait confié dans un
texte de 11 pages accompagné de vingt-quatre photos
dans *Allô Police*, *Échos-Vedettes*, *Hebdo-Vedettes*,
7 jours, *Le Lundi*, *Publisac* et le *Prions en Église*.

C'est bizarre: dans la Ligue nationale de hockey, plus
un joueur est autonome, plus il a besoin de son agent.

Une chance que T-Fal ne fait pas de diachylons.

Il fait tellement beau, on dirait que c'est le père
de Théo qui a négocié l'été.

Mardi, c'était la fête du Canada.
Je voulais lui faire un cadeau, mais j'ai vite oublié ça.
Il se sert lui-même sur ma paie tous les jeudis.

Bon, enfin! Les déménagements sont terminés.
Déménageurs, vous pouvez relever vos culottes
et rentrer votre craque de fesses.

La différence entre l'épouse de George W. Bush
et Cendrillon? Il n'y en a pas. Les deux sont devenues
célèbres grâce à un pied.

— Papa, combien ça coûte un mariage?
— Je ne sais pas, je paye encore...

Je crois qu'il faut se calmer, et, comme le disait
ce grand philosophe du hockey qu'est Yvon Lambert:
«Prenons notre temps, il n'y a que 24 bières
dans une journée.»

Devenu maniaque de la défusion,
Jean Charest a célébré la Saint-Jean,
le 24, et la Baptiste, le 25.

Message aux gens de MétéoMédia:
Pouvez-vous vous forcer dans la précision
de vos prédictions? C'est rendu que, le matin,
on ne sait plus si on doit partir avec
nos Bridgestone ou nos Michelin.

Blagues de lecteurs et de lectrices

Femme: Alain, ça fait trente ans qu'on est mariés et tu ne m'as encore jamais rien acheté.
Alain: Excuse-moi, je ne savais pas que tu avais des choses à vendre.

A. Tremblay

Je suis venu à un cheveu de sacrer quand j'ai déchiré le premier des kleenex de la boîte où on les avait trop entassés. Je me suis ressaisi en pensant aux boîtes de détersif à moitié vides.

J. Blais

Je suis embarrassé. J'ai vu les fesses de mes pneus.

A. Archambeault

Traduction du japonais au français. Homme divorcé: Tanana takité. Émission plate: Takazapé.

Josette

Le père Noël avance depuis longtemps à cause de l'effet de «cerfs».

J. Blais

Michael Jackson devrait lancer son prochain disque du haut d'un hôtel.

J.-M. Guay Dagenais

Attention à l'imparfait du subjonctif: «Pendant deux ans, il fut amoureux de moi sans que je le susse.»

Jacqueline

Sur une demande d'emploi: «En cas d'urgence, qui devons-nous appeler?» Le médecin le plus près, svp.

Marjo

Pinocchio a réalisé qu'il était en bois lorsqu'il s'est adonné au plaisir solitaire et qu'il a failli prendre en feu.

F. Bigras

Il était temps qu'on accorde le mariage
aux conjoints de même sexe.
Eux aussi ont droit à l'erreur.

On sait qu'on est atteint de la maladie
de la vache folle quand on commence
à tuer les mouches avec sa queue.

Dieu aurait créé l'orgasme pour que les Italiens
sachent quand s'arrêter.

Carole a un *driver* végétarien.
Je n'ai jamais vu un bâton manger autant d'herbe.

Michèle Richard est en beau fusil.
Yvan Demers veut les «frickles»
une fin de semaine sur deux.

Monsieur Charest, vous qui êtes premier
ministre et qui avez crié sur tous les toits
que vous étiez pour prendre en main le fameux
système de santé tout croche, je viens de réaliser
une chose: vous savez, ce n'est pas grave
que vous demeuriez à Westmount et que
votre comté soit dans les Cantons de l'Est.
D'ici peu, même si vous êtes à Montréal,
votre nez aura allongé jusqu'à Sherbrooke.

Quand j'observe George W. Bush, j'ai encore
de la difficulté à croire qu'il est arrivé premier
devant des millions de spermatozoïdes.

Dans les meubles de *Star Académie*
que l'on peut acheter, il y a le fameux téléphone
qui coupe après une minute. Il m'intéresse.
Je le vois dans la chambre de mon fils.

Après l'avoir vu comme drapeau signalant
la victoire de Schum au Grand Prix du Canada,
Yasser Arafat demande qu'on lui retourne
maintenant son foulard.

— Comment ça va?
— Bof! Je suis fatigué d'être en forme.

Le tennis, c'est exactement comme le ping-pong,
sauf que les joueurs sont sur la table.

À la télé, les méchants finissent toujours
par être punis, sauf aux nouvelles.

Énerve-toi pas parce que t'as une montre
digitale, ça fait quarante-huit ans
que mes empreintes le sont.

— Voulez-vous vérifier mes pneus, svp?
— OK, ils sont là tous les quatre.

Incroyable saisie de pot à Sainte-Émélie-de-l'Énergie.
Ça fait deux jours que les chiens renifleurs
de la SQ sont sus l'party.

Qu'est-ce qui est long, de moins en moins dur
avec le temps et qu'une Polonaise reçoit le jour
de son mariage? Un nouveau nom de famille.

Qui aurait dit qu'un jour, sans problème,
on pourrait tourner à droite au feu rouge avec du pot
dans les poches et un petit coup dans le nez.

L'avocat de Michèle Richard

Descente dans un club échangiste:
on a saisi une collection de pipes.

Le petit a vidé le dentifrice sur la vanité.
Eh que c'est long, tout rentrer ça dans le tube!

La photo satellite de la Terre est floue.
Y a toujours quelqu'un qui bouge.

J'ai fait préparer mon vélo pour la fin de semaine.
Je prévois faire 250 kilomètres. Moi, au volant,
et lui, sur le toit de la bagnole.

Bob Gainey, un vrai héros.
Il aurait même disputé un match
avec trois épaules disloquées. I'est fait' fort.

Dois-je avertir ma voisine de surveiller
les voyeurs du quartier qui pourraient bien la voir
quand elle enfile son soutien-gorge entre 8 h 25 et 8 h
26 devant la fenêtre de sa salle de bain?
Ça me gêne trop, je vais attendre encore un peu...

Monaco n'est plus aussi sécuritaire.
Il paraît que les milliardaires ne sortent plus le soir
parce qu'il y a des millionnaires qui rôdent.

Il y a trop de soleil, je m'en vais chez RX-Nuages.

Une chance qu'André Arthur n'a pas comparu
au procès de Robert Gillet. Ç'aurait été comme
amener Dracula chez Héma-Québec.

Maintenant, quand la police nous demande nos
papiers, doit-on aussi montrer nos papiers à rouler?

Moi, j'en connais un qui a plus de blanchissages
à son actif que Patrick Roy.

Le dermatologue de Michael Jackson

Mon fils a dessiné une tondeuse sur le mur
du salon et je ne sais pas comment la faire partir.

Disons que les Mighty Ducks sont assez dominants
dans les coins, coins, coins, coins!

Michael Jackson, ruiné, endetté, aurait dilapidé
500 millions et ne paie plus ses hypothèques.
La banque serait sur le point de lui saisir le nez.

Le zoo de Granby a deux koalas. Pis?
Nous autres, on a ben deux Coallier.

Patrick Roy a été surnommé «Casseau»
par ses coéquipiers au début de sa carrière mais,
à la banque, on le surnomme «Containeur».

Pensée du golfeur:
Je ne lèverai plus ma tête...
Je ne lèverai plus ma tête...
Je ne lèverai plus ma tête...
Je ne lèverai plus ma tête...
Je ne lèverai plus ma tête...

Pancarte à l'entrée de Murdochville:
«Bienvenue à Murdochville. Population: (à venir).»

Drôles de contradictions, l'été.
Lorsque la piscine est partie, la visite arrive.

J'aime bien les ventes de garage.
Ça m'a coûté seulement cinq dollars
pour ravoir le marteau que m'avait emprunté
mon voisin, l'été dernier.

Les pompiers portent leur casque
pour descendre le poteau de la caserne depuis
que les bretelles de l'un d'eux sont accidentellement
restées accrochées à l'étage supérieur.

Voulez-vous un bon conseil?
Passez donc une belle journée!

Nouveau virus qui vient de la Suède:
le syndrome du client pompé aigu. Il arrive en kit.
Avec le mode d'emploi, tu te le donnes toi-même.

Quand le président des élections parle
de la tenue des partielles,
de quelle sorte de colle à dentier s'agit-il?

Le virus du Nil, la vache folle,
le SRAS... barbares comme invasions, non?

Allez voir la pièce *Urgence*.
Pour lui donner une saveur plus québécoise,
il y a huit heures d'attente au guichet.

N'oubliez pas de mettre vos souliers avant d'aller travailler si vous ne voulez pas vous faire pogner comme Paul McCartney sur la pochette d'*Abbey Road.*

Critique à Cannes: «Un film pourri à voir absolument. Une production sans histoire qui vous tient en haleine jusqu'à la fin.»

Un vendeur d'ail des bois a été arrêté à Rawdon. Son complice aurait été senti dans la région de Montréal.

Si c'est si bon que ça pour la ligne de nager, pourquoi les baleines sont emmanchées de même?

Nids-de-poule: à Québec, il y a un trou de 4 milliards et à Montréal, il y a 4 milliards de trous.

Que se passe-t-il? Depuis les histoires de vaches folles, plus personne ne nous appelle.

Breen Leboeuf et Bobby Haché

Nous allons nous marier. Ma femme est un signe d'eau et je suis un signe de terre. Croyez-vous que notre union fera de la bouette?

Si le NASDAQ continue de clôturer tous les jours, croyez-vous qu'il pourrait manquer de terrain un jour?

Entendu au club échangiste: «OK, tout le monde tout nu, on joue aux fesses, pis c'est moi qui brasse.»

Petite annonce: «Industriel cherche dame pour opérer petite machine dans pantalon pour homme.»

Pierre précieuse pour joueur de hockey: la garnotte.

Cinq jours de beau temps, le dollar qui monte
et voilà plus d'un mois que Bush n'a menacé personne.
Pincez-moi quelqu'un.

Combien le timbre pour une enveloppe de ketchup?

Un déshabitué du système postal

Maniaque d'horticulture, Pierre Bourque
s'est lui-même fait planter aux dernières élections.

Une esthéticienne, fan des Sénateurs,
trouve que Lalime couvre bien ses ongles.

Si vous partez sur une balloune,
arrangez-vous pour ne pas à avoir à souffler dedans.

Truc pour sortir d'un barrage de police.
Chantez: «Ce soir je serai la plus belle pour aller
danser...» Des fois, ça marche.

Je ne savais pas qu'il fallait se déshabiller
toute nue pour passer une radiographie
de l'avant-bras.

Hale Berry

Si je comprends bien, d'avoir publié
un livre sur les «perronismes»,
c'est de l'argent brûlé par les fenêtres?

Question au Hell's qui avait caché 300 000 $
dans son congélateur: «Combien de temps
au micro-ondes avant de le dépenser?»

À la pâtisserie fermée pour insalubrité,
on a remarqué que les deux mariés sur le gâteau
de noce se bouchaient le nez.

J'ai écrit mon autobiographie,
mais j'ai de la difficulté avec la fin.
Ça change tous les jours.

Question d'un étudiant qui veut travailler
dans les mines: «Faut-il être majeur
pour devenir mineur?»

Aux mouvements scouts qui disent
déplorer le suicide chez les jeunes,
arrêtez d'enseigner le nœud coulant.

Apprendre la course automobile au patineur de vitesse
Marc Gagnon n'est pas si difficile.
Le plus dur, c'est de lui enlever la main dans le dos
quand il arrive dans une courbe.

L'histoire d'*Aurore, l'enfant martyr*, nouvelle version,
est encore plus dégoûtante, puisque l'enfant,
en plus, doit passer dans notre système de santé.

Le maire Tremblay tient à féliciter Denise Bombardier
pour son fameux contrat avec US Airways.

Un petit cochon parmi les paires de boules.
Quel beau jeu, la pétanque!

Selon Parizeau, il faut prendre au sérieux la menace
de Terre-Neuve de se séparer du reste du Canada.
Surtout qu'il y a beaucoup moins d'ethnies qu'ici.

Le film était tellement long que le maïs s'est dégonflé.

Nouveau tandem tchèque en patinage artistique:
Hatach Tatsuk et Havek Dlabrosh.

Le maire Tremblay a bien hâte de voir le Wild
du Minnesota venir à Montréal. Selon lui, Lemaire
a beau être un grand stratège, il ne viendra jamais
à bout des Expos. Ils ont quand même gagné
la coupe Grey, faut pas l'oublier.

En passant, si Jacques Lemaire devenait maire
de Montréal, l'appellerait-on le maire Lemaire?

En prison, Saddam Hussein a droit à un coup
de téléphone par jour. Bush aimerait que ce soit
Schwarzenegger qui le lui donne.

Le code-barres a-t-il été inventé par un arbitre?

Après les compressions du fédéral, le milieu artistique
québécois encaisse une autre mauvaise nouvelle:
pas de mariage chez les Hell's, cet été.

Les concierges de la RIO ne se plaignent
pas des faibles assistances aux matchs des Expos.
Ils peuvent faire le ménage pendant le match.

Coupez! J'ai dit: Coupez! Hé, je viens de dire Coupez!
On coupe! Coupez, on arrête!
Cut, coupez, voulez-vous arrêter, s'il vous plaît!

Un régisseur sur le plateau d'un film porno

À New York, des constructeurs prévoient
faire un édifice tellement haut qu'il y aura
un film dans l'ascenseur.

Arrêtez de dire que les Expos évoluent,
ils sont toujours au même stade.

En Espagne, Jacques Villeneuve avait
dû abandonner au 13e tour à cause de problèmes
de moteur. Oui, oui, vous avez bien lu,
il y a un moteur dans la BAR.

Les séries, c'est pas toujours facile à suivre.
Étant donné que les États-Unis ont gagné contre l'Irak,
ils pourraient affronter la Corée du Nord en demi-finale
et passer ensuite en finale contre la Chine.

Quand on regarde la silhouette
des Américains, on comprend qu'à la télé,
ils préfèrent les quilles au hockey.

Le Viagra sur le marché noir serait moins efficace.
Véritable contrebande.

Bonne fête à Pamela Anderson. Chantons:
«Chère Pamela, c'est teton tour...»

Selon Patrick Lalime et Martin Brodeur, le hockey,
c'est un peu arrangé avec le gars des buts.

Le virus du Nil peut-il attraper la pneumonie atypique?

Un futé

Pas facile de tester un athlète de courte pisse.

Squeegee offre ses services.
Composez le vitre-vitre-vitre, vitre-vitre, vitre-vitre.

Fluctuations dans le domaine du vêtement érotique.
La culotte est à la baisse, la jupe à la hausse et
beaucoup de va-et-vient dans la fourrure.

Ce gars-là a tellement d'amis qu'il vient de finir
de souhaiter la «bonne année» à tout le monde.

Vrai que la femme est supérieure à l'homme,
mais je n'ai jamais vu un gars attacher
sa chemise dans le dos.

Le maire Tremblay serait tout fébrile.
Il a bien hâte de voir ce que ses conseillers
vont lui acheter à sa première fête des maires.

Même pour un secrétaire, c'est commode
d'avoir un pupitre dans sa chambre.

Monsieur Bureau

Dans un cirque de Belgique, on a réussi à réunir
le plus grand nain du monde et le plus petit géant
du monde. Ils ont la même taille.

Les jours où il pleut, je me sens plus vieux.

Nouvelle façon de dire merci dans un dépanneur:
«Un p'tit gratteux avec ça?»

Ron Fournier veut s'acheter un chiot.
Pas exigeant, il veut juste qu'il soit puppy, puppy.

Ouais, ouais, la vie secrète de Michèle Richard.
J'imagine le tableau.

Yvan Demers

Air Canada est vraiment dans son élément.
Deux mille emplois s'envolent.

Au théâtre, on a embauché un menuisier
et il a fait une scène.

Mon fer 3 joue mal à cause d'une mauvaise «grip».

— Faut que j'aille à Toronto...
— Ah, ah! Familiprix!

Vous aimeriez atteindre votre poids initial?
Pas moi. Je me vois mal à 8 livres et 4 onces.

Vu sur une ferme scientifique,
un cheval-vapeur mangeant des racines carrées
dans un champ magnétique.

Plusieurs prisonniers sont frustrés de
ne pouvoir regarder la fin des matchs de hockey
quand il y a prolongation. On suggère la fusillade.

Monsieur Beaudry, un beau bonjour!
Toutes mes félicitations, je lis votre chronique
tous les matins, dans le journal *Les Affaires*.

Le maire Tremblay

C'est le dernier 29 avril de l'année,
alors pensez-y bien.

Je trouve qu'IKEA exagère
dans l'assemblage. Je voulais acheter un oreiller,
ils m'ont donné un canard.

⤙⤚

Le président de l'Association des cannibales
de l'Afrique centrale a renvoyé sa secrétaire ce matin.

⤙⤚

Les maudites émissions de télévision
qui sont subventionnées et qui coûtent les yeux
de la tête au gouvernement. Pourquoi vous passez
pas les reprises en premier?

Jean Chrétien

⤙⤚

Peut-on faire partir une tache de sel avec du vin rouge?

⤙⤚

Le virus du Nil voyage moins vite
que la pneumonie atypique. Cette dernière
voyage en avion, l'autre, en maringouin.

⤙⤚

Ce n'est pas ton frère, ce n'est pas ta sœur
et c'est tout de même l'enfant de tes parents?
Réponse: Toi.

⤙⤚

C'est tellement déprimant dans leur nouvelle maison.
La crémaillère s'est pendue.

⤙⤚

Le mari de Madonna a commis une gaffe.
Il a traité son épouse de salope et
d'obsédée sexuelle. Elle l'a foutu hors de la chambre,
lui, sa sœur et ses trois chums.

⤙⤚

Nouveau record homologué au Casino de Montréal.
Un chèque de BS gaspillé en 9,3 secondes.

⤙⤚

S'il y a des danses à dix, je ne vois pas
pourquoi il n'y aurait pas des garderies à cinq.

Un évêque de Boston

Devise des obèses américains: «Je panse, donc je suif.»

Avis aux autochtones: dernière semaine
pour ne pas faire vos impôts.

Sauvez un arbre, mangez un castor.

On s'est rendu compte que Carl Lewis avait
pris de la dope après les compétitions
de Séoul. Surtout quand il a décidé
de rentrer aux États-Unis à pied.

Parmi les endroits fermés aujourd'hui,
il y a toujours la bouche de Jacques Parizeau.

Ils ont mis tellement de panneaux
d'interdiction de tourner à droite
à Montréal qu'il y a des gens qui n'osent
plus se risquer au feu vert.

Si mes parents n'ont pas eu d'enfant,
est-ce que l'hérédité fera en sorte
que je n'en aurai pas non plus?

Salon du livre

La vision politique de George W. Bush: un livre épais.

L'histoire de Jacques Villeneuve: un livre à l'image du pilote. Vous avez une chance sur vingt de vous rendre jusqu'à la fin.

L'ère Charest: adieu, Paradis.

Fine cuisine américaine: en annexe, la liste de tous les McDonald's, Burger King, Wendy's, A&W et Pizza Hut des États-Unis.

La vie sexuelle de Bill Clinton: une saga de 2000 pages.

La vie sexuelle de George W. Bush: un petit fascicule plié en deux.

Les grands quotients intellectuels de la politique: toujours à l'état de projet. On en est à une page et demie. Les recherches se poursuivent.

L'histoire des Mohawks: une série de cartoons.

Plaques minéralogiques

GOT-220 Camion d'Hydro pour comptes non payés.
000-TKC Conducteur sans le sou.
444-719 Camion de poules pondeuses.
OBI-100 Suit le Code de la route à la lettre.
G1Q-OQP Voiture d'une escorte.
169-TKQ Bolide de Guy Aubry.
109-EMA Transporte le sang.
100-BKT Saute les préliminaires.
GOQ-2PD Véhicule du Défilé des gais.
DCD-RIP Un corbillard.

— Papa, c'tu vrai que j'ai une gueule de bois?
— Ben non, t'as le visage tout sale, là.
Va le passer au papier sablé. Prends du 80!

Hé, Monsieur le maire! Pour Pâques,
pourquoi pas des nids-de-poule en chocolat?

Hé, l'ADQ! Faut-tu être maniaque du golf
pour réussir à faire élire un *foursome*?

Comment dire? Pas besoin d'avoir la pneumonie
atypique pour être en quarantaine.

Jacques Parizeau

Certains politiciens n'ont pas besoin
d'être achalés pour être «dérangés».

Le virage à droite au feu rouge:
un autre truc pour *flasher*.

Le maire Tremblay: «Je suis allé voir *Un homme
et son péché*. Y a pas de Donald Duck là-dedans!»

Les journées d'élection, c'est spécial
de se retrouver dans l'isoloir sans avoir
à débourser à la fin.

J'avais parié gros sur Lucas.
Quand il a perdu sa ceinture,
moi, j'ai perdu ma chemise.

Je savais que Bernard Landry faisait
une sieste de deux heures par jour.
Je l'avais remarqué le soir du débat.

Les politiciens promettent d'allonger les heures
de cours, et on ferme les écoles pour aller voter.

Un char de politicien, il avance
seulement si tu le graisses.

C'est la maman vache qui dit à sa petite:
«Si t'es gentille et que tu commences à donner du lait,
maman va te donner de beaux trayons de couleur.»

Des stratèges péquistes auraient déjà choisi
la prochaine question référendaire: «Voulez-vous
la souveraineté du Québec, oui ou pourquoi pas?»

Le maire Tremblay craint deux choses, cet été:
le virage du Nil et le virus à droite.

Lu dans un isoloir du Québec

Avis aux plus ou moins de dix-huit ans: le directeur des
érections vous rappelle que vous devez venir et voter
au moment prépuce et dans la bonne circoncision.
Le résultat du scrotum sera connu en soirée.

Mario Dumont veut se pencher sur le transport aérien.
Bon, enfin quelque chose qui recule pas.

Moi, les bulletins de vote, ça fait longtemps
que j'ai mis une croix là-dessus.

Le premier politicien qui présente un programme
pour arrêter la neige, il a mon vote.

Il est vrai qu'en avançant l'heure, samedi,
nous avons perdu une heure de sommeil.
Mais, le lendemain, en écoutant Charest parler
de défusion, je l'ai regagnée.

Bernard Landry

Si la population québécoise est si vieillissante
que ça, on serait pas mieux de commencer
à parler des foyers à cinq dollars?

Le slogan du PQ, «Restons forts», est une suggestion
légèrement modifiée de Jacques Parizeau.
Lui, il avait suggéré: «Restons dans le fort.»

Ça fait quand même drôle de voir tous ces gens
s'unir pour la défusion.

Si le gouvernement veut vraiment venir
en aide aux démunis, il devrait envoyer
de l'argent à l'ADQ.

Quand même étonnant que le Bloc Pot
ait réussi à présenter des candidats dans 56 comtés,
ce qui représente pas loin d'un kilo d'idées.

Politicien tellement malhonnête que,
lorsqu'il passe devant un parcomètre,
le petit drapeau «violation» lève tout seul.

Note de service d'un fonctionnaire inquiet:
«La promesse de Bernard Landry concernant
la semaine de quatre jours, c'est-tu bien quatre jours
de travail dans la même semaine?»

En revenant du bureau où il a travaillé la moitié
de sa journée pour le gouvernement, le Québécois
entre à la SAQ et se paie deux bonnes bouteilles
de taxes. Un petit saut à la tabagie et il s'achète
deux paquets de taxes à bout filtre.
Avant de rentrer à la maison, il s'arrête
à la pompe pour faire le plein de taxes
sans plomb. En entrant dans sa cuisine,
sa femme lui apprend qu'au cours de la journée,
son fils s'est fait taxer à l'école.

En politique, il y a des gens qui dégoûtent
même s'il ne pleut pas.

Claude Julien demande au président des élections
d'agrandir le cercle pour la croix sur les bulletins de
vote. Il serait étonné que Kilger la mette dedans.

Avis aux abstentionnistes: aux prochaines élections,
n'oubliez pas de ne pas aller voter.

L'expression «travailler à pleine vapeur»
vient des politiciens. Ils sont habitués
d'être dans l'eau bouillante.

La différence entre un train et un politicien?
Le train, quand il déraille, il s'arrête.

Comme modérateur, dans d'éventuels débats,
on aurait dû penser à Jacques Villeneuve.
Y en a pas deux comme lui pour modérer.

L'ADQ se serait trouvé
une ville emblématique: Lachute.

Quand on sait, on comprend

Le patron du bistrot *Chez Benoît*, à Paris, Monsieur Petit qui, mentionnons-le, fait dans les six pieds et quatre pouces, explique à sa manière une question fort épineuse. Ce sont des subtilités de la langue française qui expliquent pourquoi la France compte tant d'ouvrières du plus vieux métier du monde. Les voici:

Un gars, c'est un jeune homme.
Une garce, c'est une pute.

Un masseur, c'est un kiné.
Une masseuse, c'est une pute.

Un coureur, c'est un joggeur.
Une coureuse, c'est une pute.

Un pro, c'est un sportif de haut niveau.
Une pro, c'est une pute.

Un entraîneur, c'est un coach qui encadre des athlètes.
Une entraîneuse, c'est une pute.

Un homme facile, c'est un homme facile à vivre.
Une femme facile, c'est une pute.

L'homme qui fait le trottoir, c'est le carreleur.
La femme qui fait le trottoir, c'est une pute.

Le rêve de Charest

On défusionne? Allons-y! Vous pourrez aller magasiner vos meubles chez Brault, pis Martineau, il ouvrira ailleurs. Vos lunettes chez Greiche et vos verres de contact chez Scaff. Biscuits? Brisures de chocolat chez Tim et à l'avoine chez Hortons. Si vous voulez voir Les Ténors de l'humour, réservez-vous trois soirs.

Une petite comme ça, en passant,
aux messieurs Charest et Dumont,
le mot «argent» est masculin. Et il est toujours singulier,
même quand il y en a beaucoup.

Le Bloc Pot parle de geler les frais de scolarité d'abord,
et les étudiants ensuite.

Pendant la campagne électorale, les politiciens
t'embrassent; après, ils te baisent.

Différence entre l'isoloir aux danseuses
et l'isoloir au bureau de vote?
Dans l'isoloir du bureau de vote, vous avez le choix
entre trois ou quatre totons.

Élections annulées

De 1875 jusqu'au début du siècle suivant,
près de 40 élections ont été annulées dans différents
comtés, la presque totalité pour des motifs
de fraude ou de corruption. Et, depuis 1900
jusqu'à nos jours, seulement 12 annulations
pour des raisons semblables.
Les politiciens sont devenus
plus habiles à déjouer le système.

Le temps des élections, c'est le seul moment
où la ville est polluée par la campagne.

Le politicien te serre la main pendant un mois...
et la ceinture pendant quatre ans.

Il a fait tellement froid, hier, que deux cols bleus
sont restés le coude collé à leur pelle.

En politique, il y a toujours quelqu'un
qui s'occupe de votre image. Aux dernières élections,
Dumont et Charest ont essayé de me décoiffer.

Bernard

Le rêve de Mario Dumont, en 2003,
était de terminer la campagne avec plus de sièges
qu'il y en avait dans son autobus.

Oussama Ben Laden va finir par se faire pogner
s'il n'arrête pas d'aller chez le même barbier
que le Doc Mailloux.

Existe-t-il une seule personne au monde
qui ait réussi à remplir le réservoir de lave-vitre
de sa bagnole sans en renverser une seule goutte?
Même chose pour le coït interrompu.

À un certain moment, vous vous rappelez, pendant
une dizaine de jours, les joueurs des Sénateurs n'ont
pas été payés et ont joué quand même. Au même
moment, les joueurs du Canadien faisaient l'inverse.

Au Salon de l'auto de Detroit, on a présenté la
première voiture qui parle: la Hyundai Sonata Benezra.

Je me suis coupé le petit doigt.
Il me semble qu'il aurait pu me le dire.

Un maniaque a acheté tous les *Livre des records*,
c'est un record, mais personne ne le sait.

Bush, finalement, avait conclu
que c'était moins long d'attaquer l'Irak que de lire
le rapport des inspecteurs de l'ONU.

Le personnel du ministère fédéral
des Travaux publics va aller à la pêche
aux poissons des chenaux, l'an prochain.

Avec un prénom comme Marcel, Hossa nous prouve
que les étrangers qui jouent au hockey
au Québec commencent à s'intégrer.
À quand les Raymond Koivu, Gaston Markov
et Jérôme Zednick?

Gérald Tremblay, le chevalier des ethnies,
aimerait que, nous aussi, on s'intègre aux étrangers.
Un jour, verra-t-on jouer des Jaromir Phaneuf,
Pavel Racicot et Saku Chalifoux?

En ce qui concerne l'intégration aux anglos,
on commence à être habitués: Craig Rivest,
Keith Primeau, Joey Juneau, etc.
Ah! J'allais oublier Rodger Brulotte.

Il fait moins quarante, ce matin. Vous savez,
le fameux char «jamais sorti l'hiver»
que vous allez acheter l'an prochain?
J'espère qu'il est en dedans, aujourd'hui.

Les Raiders sont repartis sans tambour
ni gros pet et profiteront tout de même
d'un repos bien irrité.

Je voulais vous raconter une blague sur un
boomerang, mais je l'ai oubliée. Ça va me revenir.

Froid mais ensoleillé toute la journée.
Avec le facteur raëlien, la journée de demain
sera un clone de celle d'aujourd'hui.

Avis aux gens sympathiques et sociables
en visite à l'Hôtel des glaces de Québec. Il est
strictement défendu de réchauffer l'atmosphère.

Pas sûr que le Canadien a vraiment les armes
pour se rendre en séries.

Un inspecteur de l'ONU

Pour faire réparer un plat Tupperware,
dois-je consulter un chirurgien plastique?

Une paire de patins, encore au magasin:
«J'ai pas hâte de me faire acheter.
Mes voisins, des 10 et demi, sont partis hier,
et il paraît qu'ils jouent avec deux pieds.»

Saviez-vous que le nouveau chef du NPD
s'appelle Jack Layton?

Jack Layton

Dossier tchétchène: Poutine devient plus ferme.
Ça doit être le fromage qui n'est pas frais.

On salue l'homme le plus fort du monde,
Hugo Girard, policier de Gatineau, 6 pi 3 po et 330 lb.
Lui, pas besoin de radar pour arrêter les automobiles.
Il les pogne par le *bumper*.

Petites annonces

Fille taillée au couteau cherche aiguiseur.

Papillon dans l'estomac cherche fourmi dans les jambes ou bibittes dans la tête. Chat dans la gorge, s'abstenir.

Pou malentendant cherche puce à l'oreille.

Fourchette cherche vaisselier: aimerait être dans son assiette.

Rat d'égout aimerait se faire photographier avec un homme politique libéral fédéral. Pour une fois, il pourrait bien paraître.

Tortue québécoise cherche tortue ontarienne pour rencontre dans 40 ans.

Je ne suis pas un imbécile

On ne me prend vraiment pas pour un imbécile quand on me dit que CKMF, CKOI, CFGL, TVA, Radio-Canada et TQS vont tous avoir Céline en exclusivité.

On ne me prend vraiment pas pour un imbécile quand on ne m'énumère pas ces «certaines conditions» qui s'appliquent.

On ne me prend vraiment pas pour un imbécile quand, Chez Parée, 11 filles disent qu'elles dansent pour payer leurs études en droit.

On ne me prend vraiment pas pour un imbécile quand les banques annoncent une vague de mises à pied inévitables après avoir affiché des profits de trois milliards.

Jean Chrétien ne me prend vraiment pas pour un imbécile quand il affirme que le programme des commandites était un bon programme.

Michael Jackson ne me prend vraiment pas pour un imbécile quand il dit que de coucher avec de jeunes garçons ne veut pas dire qu'il est pédophile.

Quand je regarde Annie Brocoli,
j'ai le goût d'une trempette.

Tellement toton, le bandit, que lorsqu'il a vu
dans le journal «criminel recherché», il a téléphoné.

Tellement froid, hier, qu'un Témoin de Jéhovah
est resté collé sur une sonnette.

Atmosphère agressive dans la maison.
Même le répondeur s'est pogné avec la causeuse.

Quand Pierre Péladeau est arrivé au ciel, Dieu lui a dit:
«Tu as bien travaillé, mon fils.
Viens t'asseoir à ma droite.» Pierre Péladeau lui a dit:
«D'abord, je ne suis pas ton fils, cliss,
pis veux-tu ben me dire ce que tu fais
assis à ma place, toi?»

Pour ce qui est de la peinture au sous-sol,
j'ai démissionné et ça ne me dérange pas de perdre
mes galons. Je suis au bout du rouleau.
Pour me changer les idées,
je vais tremper mon pinceau.

On ira en guerre seulement avec l'accord
de l'ONU, au pire avec l'Accord de Honda.

Dorénavant, au Carnaval de Québec,
avant d'élire une duchesse, il va falloir
lui demander ses papiers.

Pour tenter d'effrayer Al-Qaeda, si on envoyait
une couple de parents du hockey mineur?

Après la formule «Une île, une ville» pour la fusion,
voici le nouveau slogan pour le Casino: «Un Casino,
un guerlot qui a perdu son bungalow au Keno.»

Puisque la prison de Hull affiche complet,
les autorités demandent aux criminels
de commettre leurs méfaits
du côté de Gatineau, seulement le temps
que la situation revienne à la normale.

Avis aux trois lectrices qui m'envoient
plein d'affaires cochonnes: je vais vous mettre
en contact. Ensuite, vous m'invitez.

Henry confie dangereusement qu'il ne prend
plus sa voiture dès qu'il a besoin de fermer
un œil pour ne plus voir double. Face à ça,
pas besoin d'un nez pour voir rouge.

Devons-nous comprendre que Michael Jackson
aurait pu être un excellent évêque à Boston?

Un autre

Sébastien a entendu au micro du Club Med
de Sainte-Lucie: «La demoiselle qui a un maillot
deux pièces vert lime, veuillez retourner au vestiaire,
vous avez oublié de le mettre.»
T'aurais pas une photo de ça, Sébas?

Les Olympiques de Hull veulent retirer
le chandail de José Théodore.
Je connais un maudit paquet de filles
qui y ont pensé avant eux.

Phil, la marmotte des États-Unis,
a vu son ombre en sortant d'un sac d'ordures
derrière un McDo de la Virginie.
Donc, il reste six semaines
avant que les goélands recommencent
à vous attendre à la sortie du lave-auto.

Plusieurs artistes américains assistent
au spectacle de Céline à Las Vegas.
Le petit René-Charles est souvent dans la salle.
Donc, René ne veut pas voir Michael Jackson
dans le coin.

Les analystes croient que Chrétien
devrait retirer les Canadiens du golf, les soumettre
au ballottage et, s'ils ne sont pas réclamés,
les retourner à Hamilton.

L'affaire Boilard: on juge un juge qui ne veut
plus juger et qui juge justifié de ne pas se présenter
devant le juge qui le juge.

L'affaire Irak: utiliser les armes pour désarmer
celui qui se dit sans arme mais prêt à passer
aux armes ceux qui, chez eux, débarqueront
avec des armes. Désarmant!

Nous désirons aviser les téléspectateurs
que le match du Canadien à la télé,
ce soir, peut comporter des scènes
conduisant à la somnolence.
Évitez de regarder en conduisant.

Quand vous ne filez pas et que vous vous sentez
déprimé, pensez qu'il y en a qui ont
Audette et Daigle dans leur pool.

C'est pas grave si Michael Jackson
attire des enfants dans sa chambre.
Pour autant qu'il ne les emmène pas sur le balcon.

Un qui a peur des hauteurs

C'est bien clair que c'est pour les faire
fumer en cachette que Peter Jackson
attire des enfants dans sa chambre.

Le maire Tremblay

Connaissez-vous l'histoire de la chaise?
Elle est pliante.

Hier, il est passé chez moi un colporteur
qui vendait des pancartes «Pas de colporteurs».
J'en ai pris une.

Cette semaine, Joseph Facal annonçait
sa démission de la vie politique pour se consacrer
à sa famille. Ce matin, sa famille a fait savoir
qu'elle songe à se lancer en politique.

Pour son rôle de soutien dans *Les poussières*,
mon plancher mérite un Oscar.

Ça va tellement mal chez Air Canada!
On vient de faire une offre au commandant Piché
pour effectuer une couple d'envolées sans carburant.

Si, au Québec, on faisait les routes en asphalte blanc,
on n'aurait pas de problème avec la glace noire.

Suivant les conseils d'un lecteur,
j'ai essayé les patches. Pas fumable, ça!

Message impossible

Vous savez le maudit paragraphe d'une quinzaine de
lignes au bas de votre écran de télévision dans
certaines annonces de chars? On a tous compris qu'il
s'agit d'une note importante, puisqu'il est obligatoire
pour l'annonceur de l'afficher à la fin du message.
Mais la foutue question est: «Que contient cet
avertissement?» J'ai essayé de le lire. Impossible.
J'ai mis le VHS à pause, bien arrêté sur le message et,
oubliez ça, c'est écrit trop petit. Et si je ne suis pas
sur le magnéto, c'est encore moins possible, puisque
le texte reste environ quatre secondes à l'écran. Quatre
secondes pour gober dix ou quinze lignes illisibles.
Voyons donc! C'est qui le toton (ça sent l'avocat)
qui oblige l'application de ce message impossible?

Ce qui pourrait être écrit

Salut, bande de caves. Le char que vous venez de voir
est «boosté» au coton et celui que vous allez acheter est
deux fois plus faible. En plus, le prix dont nous venons
de parler, c'est une joke. Vous savez bien qu'on
laisserait pas aller ce char-là à ce prix-là. Capotez pas,
là. La garantie? Quelle garantie? Tu l'achètes, tu
t'arranges avec tes troubles. On n'a pas rien que ça à
faire, réparer ton char. Le mode de paiement sans
intérêt dont on a parlé dans le message ne s'applique
qu'aux Chinois nés par césarienne à Val-d'Or avant
1952 et sont sujets à une approbation de crédit.
Ah oui, le prix mentionné n'inclut pas le transport,
la préparation, la commission du vendeur, le pneu
de rechange, la radio ainsi que l'essieu avant.

La petite de Johanne

Elle a quatre ans et, au lieu de dire le mot *manger*, elle
utilise toujours le mot *souper*. Un de ces jours, son père
était à la maison alors que Johanne travaillait et il a
préparé des céréales à la petite pour son repas du midi.
Et, plus tard, au téléphone avec sa mère, elle devait
dire: «Maman, sais-tu ce que papa m'a fait souper pour
dîner? Un déjeuner.»

Les Expos qui jouent en République dominicaine,
ça ne me dérange pas, mais comptez pas sur moi
pour aller chanter l'hymne national.

Éric Lapointe

Arrêtez de monter le prix de l'essence,
y a des pyromanes qui sont obligés d'emprunter.

Je l'ai trouvé, l'endroit où le gaz est le moins cher,
mais je ne le dis pas.

Un gars qui siphonne l'essence de son voisin

Bonne nouvelle pour l'industrie
de la fourrure canadienne: le prince Charles vient
de se commander des cache-oreilles.

Quand on dit que Britney Spears est vierge,
est-ce qu'on parle de son cerveau?

George W. Bush considère son chien comme son fils.
J'aimerais bien savoir si le chien, lui, est d'accord.

Bravo à l'astronaute canadienne, Julie Payette,
qui nous annonçait sa première grossesse.
L'entrée dans l'atmosphère était prévue
en août 2003. Donc, le décollage a eu lieu
quelque part en novembre.

Je comprends pourquoi Patrice Brisebois est allé
en Europe, l'an dernier, afin de soigner son problème
d'arythmie. Même avec six heures de vol, il sauvait
encore douze heures d'attente à la clinique.

À la marche pour la paix, un manifestant
est devenu exaspéré par un autre qui criait trop fort.
Il se sont battus.

Dire qu'en 2002, un simple petit bretzel
a failli sauver l'humanité.

Bravo à Mélanie Turgeon!
Pas évident de faire une descente toute seule.

La Sûreté du Québec

Vladimir Poutine, inspiré par la dynastie Péladeau,
veut lancer *Tsar Académie.*

Bush en arrache avec l'axe du mal,
alors que Clinton avait un fun noir avec l'axe du mâle.

Le procès des motards, c'est le procès du siècle.
C'est le temps que ça va durer.

À la suite du succès de *Star Académie,*
Julie Snyder et Stéphane Laporte
auraient été approchés pour préparer les camps
d'entraînement du Canadien.

Quand on pense à l'arsenal des Américains
à la porte de l'Irak, on constate qu'ils avaient
vraiment tout… sauf une raison.

Pourquoi je suis contre le clonage des moutons?
Allez sous votre lit toutes les trois semaines
et vous verrez que les moutons
se reproduisent tout seuls.

Fermeture de l'Hôtel de glace à Québec.
Liquidation dès avril.

Nouveau produit dans les magasins à une piastre:
le litre d'essence.

D'accord, Jackson, admettons que
c'est pour dormir uniquement...
mais pourquoi seulement des petits gars?

Quand même assez incroyables, ces chiffres qui
démontrent qu'en 2002, il s'est dépensé cinq fois
plus d'argent pour du Viagra que pour la recherche
sur l'Alzheimer. Ne soyez pas surpris si, dans vingt ans,
les hommes sont bien équipés mais ne se
souviennent plus à quoi ça sert.

C'est confirmé: le maire Tremblay aura
son kiosque au Salon de la fourvoirie.

Je suis contre les parents qui donnent
les deux noms à leurs enfants.

A. Morand-Voyer

Mon char est plus chanceux que Karl Dykhuis.
Il vient d'être rappelé.

Si Pierre Péladeau vivait encore,
il trouverait que Julie Snyder a des jupes
courtes en «cuisse!»

Un truc à Gino Odjick: si tu veux quand
même rentrer au Centre Bell, mets-toi un partiel,
ils te reconnaîtront pas.

S'il le voulait, Bush pourrait nous faire vraiment
comprendre la guerre dans son essence.

Arrêtez de dire à Claude Julien de mélanger
ses trios. Vous ne trouvez pas qu'ils sont
assez mélangés comme ça?

Michael Jackson est entré à l'hôpital d'urgence
pour se faire recoudre le nez.
Distrait, il est allé se moucher, le con.

Voulant créer des armes bactériologiques,
Saddam avait eu vent de ce qui se passe au Québec
et il voulait une cassette de *Star Épidémie.*

Si la tendance se maintient, dans cinq ans,
un Américain obèse sera un pléonasme.

Les planches à neige, là...
ce serait pas un chiro qui a inventé ça?

Elle: Chéri, j'en ai marre de tes nuits passées
au casino, de tes paris sur tout et sur rien,
de tes soirées sur les machines vidéo poker.
C'est assez, on se quitte.
Lui: Euh... écoute mon amour.
Je suis prêt à mettre de l'eau dans mon vin.
On se quitte... ou double. OK?

Viagra serait sur le point d'acheter le slogan
«Grouille avant que ça rouille».

Les noms des résidants

Gaspé: les Gaspillariens
Baie-Comeau: les Baiecomateux
Tadoussac: les Tadousacraments
Magog: les Magoglus
Asbestos: les Asbestostérones
Brossard: les Brossariens
Beauport: les Beauporfrais
Val-d'Or: les Valdordebouts
Mascouche: les Mascouchetards
Québec: les Québécancours
Ottawa: les Ottawaouarons
Hull: les incroyables Hulls
Champlain: les Champlaindodgechryslers

Mettez un peu de piquant dans votre vie

Petit-déjeuner: deux œufs, bacon, saucisses, petites patates rissolées, fèves au lard, jambon, cretons et quatre rôties au beurre d'arachide, le tout avalé avec un café cognac, crème fouettée, deux sucres. Fumez quelques cigarettes et allez travailler. Si c'est bloqué à l'entrée du pont, pas de gêne, roulez allègrement sur l'accotement de droite, le gars de la Sûreté est peut-être occupé à jaser avec une blonde aux seins refaits dont la BM est en panne dans la voie de gauche. Au centre-ville, stationnez devant une borne-fontaine et laissez tourner le moteur V-8 jusqu'à votre pause de 10 h 30. Vers 11 h, allez à la salle de la photocopieuse en même temps que la secrétaire du patron. À deux mains, tenez-lui les hanches le plus près possible des fesses et donnez-lui des becs dans le cou pendant qu'elle fait les doubles de votre compte de dépenses défoncé. Aussi, soyez prévoyant. Si, le matin, vous

savez que vous allez finir la journée dans un club de danseuses, ne prenez pas votre voiture. Partez avec celle de votre blonde. Au retour, si vous êtes passé par un quartier chaud, faites juste attention qu'elle ne trouve pas un condom entre les deux sièges.

Question à Michael Jackson.
C'est quoi l'idée de se faire embaumer
avant de mourir?

Urgel Bourgie

Ça vous tente de jouer un bon tour?
Vous savez, la douche qui fait bronzer en six secondes?
On pogne Michael Jackson, pis on l'enferme
dedans quinze minutes.

Avis à ceux qui possèdent un détecteur
de mensonges. Afin d'éviter des bris causés
par des surcharges, veuillez les garder éteints
pendant les campagnes électorales.

Il n'y a pas si longtemps, Bush disait que son chien,
Barney, était le fils qu'il n'avait jamais eu. Bush, lui,
c'est le chien qu'on n'a jamais eu.

Le gaz est devenu tellement cher que, l'été prochain,
je ne tondrai pas mon gazon. Je vais le brouter.

Pour sa fête, mon fils, Simon, ne veut pas avoir
de cadeaux. Juste une carte... mais avec une bande
magnétique à l'endos.

Si les Américains parlaient français, ils consulteraient
le *Gros Larousse* ou le *Gros Robert.*

Entendu à la pharmacie:
«J'aimerais que mon chum se rapproche de moi.
Avez-vous un parfum fragrance de Macintosh?»

Il est tellement négatif... Sur sa carte soleil, il pleut.

Craig Rivet a commencé à se faire huer
quand les gens ont réalisé que l'ADQ
reculait plus vite que lui.

Enfin, le temps des cabanes à sucre qui arrive!

Un vendeur de colle à dentier

Bizarre: le seul instrument non électrique
d'un groupe rock est la batterie.

Quand on regarde la population de criminels
et de terroristes dans le monde, là, les femmes,
je trouve que vous êtes vraiment en retard.

Air Transat célèbre son quinzième anniversaire.
Les festivités qui devaient commencer demain à 20 h
ont été retardées à mercredi, vers 11 h. À confirmer.

Souvenez-vous, il y avait trois tireurs fous
à Washington. Visiblement, seulement
deux ont été arrêtés.

Saddam Hussein, qui ne savait pas trop
comment freiner l'attaque américaine,
avait demandé à rencontrer Jacques Lemaire.

Du positif dans le bilan de collecte de sang
du Canadien: on est à cinq chopines des Islanders.

Chirac menace Bush: si les Américains
continuent de provoquer les Arabes,
la France organisera une tournée
d'Herbert Léonard aux États-Unis.

Dès qu'on a élu Arnold Schwarzenegger,
je savais que les Américains étaient touchés
par la vache folle.

Avant son mariage, on a voulu célébrer
l'enterrement de vie de garçon de Luciano
Pavarotti, mais on a abandonné l'idée.
Pas facile d'enterrer un ténor.

Les Raëliens, je sais pas s'ils ont des clones,
mais quand on regarde leur chef,
il n'y a pas de doute qu'ils ont un clown.

Truc pour ne pas se faire voler ses skis
quand on entre au chalet: les séparer,
ne pas les mettre ensemble. Laissez-en un
à Saint-Sauveur et l'autre à Tremblant.

Annie Brocoli sur grand écran:
plus facile à montrer aux enfants au ciné
que de leur en faire manger aux repas.

C'est vers la fin du XVIIIe siècle en France
que Lavoisier a découvert l'oxygène.
Comment faisait-on pour respirer avant?

Les musiciens ont le suicide difficile.
Quand ils se pendent avec une corde de guitare,
ils atteignent le sol.

Nouveau sport extrême: sortir avec les blondes
des Hell's qui sont en dedans.

Le club échangiste *L'Orage* a ses propres bénévoles
Nez rouge. Ils vont te reconduire chez vous
et repartent le lendemain.

Je n'aurais jamais dû suivre l'autre
petit renne d'aussi près...

Le petit renne au nez brun

Très petit sous-sol à louer, disponible maintenant.
Contactez Saddam.

Joyeuses Pâques à tous!
Je souhaite que la hotte de saint Valentin
qui s'en vient avec ses rennes sera pleine
de bons petits cœurs en sucre d'érable.

Gérald Tremblay

Michael Jackson risque 24 ans de prison.
Après avoir marché de reculons,
il risque de marcher écarté.

L'hôtel de ville nous avise que le centre-ville
de Montréal sera déneigé dès qu'on aura de la pluie.

Les seules armes de destruction massive
trouvées en Irak auront été les sous-vêtements
de Saddam lors de sa capture.

La meilleure publicité à la boxe,
c'est le bouche à oreille.

Mike Tyson

À la fin du party de bureau du cabinet
Fradette-Fréchette-Favreau-Caouette,
il y a eu fusion avec Gravol-Tylenol-Bromo-Seltzer.

Nouveau bar de danseuses pour agriculteurs:
les filles dansent à votre étable.

Le nouveau menu de Mike's

Il est dommage que José Théodore ait perdu la
commandite de Mike's. Le menu était original:
Crevettes style papillon
Lames de fromage sur glace
Bœuf dans l'épaulette
Steak de palette
Coquilles Saint-Jacques Plante
Filet farci de rondelles d'oignons

Pour la livraison, c'était gratuit
si votre repas n'était pas livré
en moins de deux périodes.

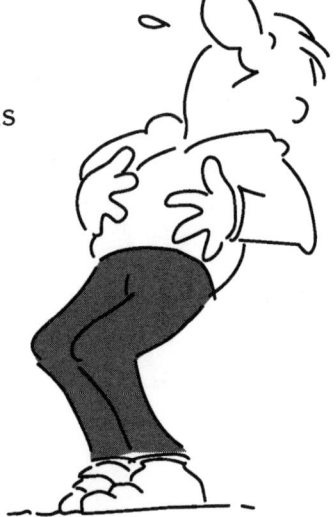

Les enfants

Ils peuvent être mélangés, les pauvres. À leur première année d'existence, on passe notre temps à leur montrer à parler et à marcher et, ensuite, pendant une quinzaine d'années, on leur demande de se la fermer et de rester assis tranquilles. Ne soyez donc pas surpris d'entendre un enfant dire: «Moi, genre, y a quelque chose que je comprends pas. Ma mère, le soir, c'est elle qui est fatiguée, pis c'est moi qui dois aller me coucher. *Heavy, man.*»

Taxe-taxe

Je trouve que la présidente du Conseil du trésor, Monique Jérôme-Forget, a eu raison de piquer une crise en raison d'une double taxation dans le magasin Hermès. Elle n'en a d'ailleurs pas mis assez. Elle devrait revenir à la charge et faire une colère à la grandeur du Québec. Se faire double taxer est tout à fait inacceptable.

Un gars qui paie de la TPS et de la TVQ tous les jours

Il appelle au théâtre et demande
le département des pièces.

La dernière tempête sur Montréal a coûté
15 millions. Est-ce que ça veut dire que s'il n'avait pas
neigé, on aurait pu garder Vladimir?

Cent ans d'aviation. Pour célébrer les frères Wright,
Air Canada congédie deux pilotes.

Pamela Anderson fera maintenant de la musique.
Toutefois, elle ne pourra jouer de la guitare.
Elle n'a pas les bras assez longs.

Si on comprend bien le ministre
des Finances, Yves Séguin, y avait pas juste
Saddam dans le trou.

Deux Chinois sont condamnés à la prison à vie
parce qu'ils ont organisé une orgie géante.
Quatre cents Japonais et cinq cents Chinoises
qui baissent leur bobette en même temps.
Méchant chop suey qui a duré trois jours.
Faut croire que les pénis de phoques et les vésicules
d'ours, c'est pas de la blague!

Curieux quand même, hein? Même Saddam
jouait la trappe.

Jacques Demers

En voyant les premières images
de Saddam Hussein, plusieurs ont cru qu'il sortait
de Saint-Charles-Borromée.

Saddam a quitté le loft en premier.
C'est donc Oussama qui gagne les cinquante
mille dollars des Maisons Bonneville.

Je voudrais offrir mes condoléances
à tous les humoristes à la suite
du départ de Jean Chrétien.

Quand il va au mont Tremblant, Jacques Villeneuve
refuse de gravir la montagne en T BAR.

Serveuse: Voulez-vous une entrée?
Client: Amène-la, ton entrée,
je vais te la pelleter mais, après ça, je mange.

Il me semble que c'est facile de régler les conflits
chez Urgel Bourgie. Faites un chèque au porteur.

Entendu au party de bureau:
«Ben non, Cocotte, ça va rester entre toi et moi...
et la caméra de surveillance.»

C'est qui le comique qui a mis du velcro
dans ma tuque?

L'ex-maire Bourque

L'épidémie de grippe qui frappe les États-Unis
serait de souche asiatique. Bush prévoit attaquer
la Chine samedi ou dimanche.

Combien ça coûte, ça, un escabeau?

Un squeegee qui veut faire les camions

Après les contes pour enfants de Madonna,
les recettes de Frank Cotroni, on attend
le *Prions en Église* des Rock Machine.

Au resto: «C'est épouvantable comment le coût
de la vie ne cesse de monter. Garçon,
apportez-moi la multiplication, s'il vous plaît!»

Une téléréalité sur Louis-José Houde?
J'espère que ce sera sous-titré.

Les joueurs de la Ligue de hockey junior majeur
du Québec devraient se compter chanceux
d'avoir des médicaments.

Un patient de Saint-Charles-Borromée

Le livre de Frank Cotroni se vendrait comme
une traînée de poudre. Les lecteurs font la ligne.

Dans ma ligue de garage du dimanche soir,
la SQ a saisi trente tubes d'antiphlogistine
et vingt tubes de Flex-O-Flex.
Ils n'ont pas trouvé la glucosamine.

Il paraît que les carottes sont excellentes pour le sexe.
Mais il ne faut pas qu'elles cassent.

À la suite de son accident, Ozzie Osbourne est dans
un état stable. C'est la première fois en 30 ans.

Dans les négociations, on dirait que les employés
d'Urgel Bourgie ont l'impression
de se faire préarranger.

Voulez-vous maximiser vos chances
d'avoir une augmentation de salaire?
Prenez des photos à la fin du party de bureau.

Avec le nouveau livre de recettes de Frank Cotroni,
redécouvrez les aliments. Apprenez à les faire sauter,
graisser, blanchir et saisir.

Un truc pour passer l'hiver rapidement.
Montez vos cartes de crédit au maximum.
Vous verrez comme les fins de mois viennent vite.

Les Expos auront donc été
les premiers à défusionner.

Ah! que la neige a neigé!
Ah! que le scraper a scrapé!
Ah! que la souffleuse a soufflé!

Problème d'alcool? Communiquez avec
Opération Nez rouge. Problème de tabac?
Opération Peaux-Rouges.

Dave Hilton refuse de suivre
une thérapie pour délinquance sexuelle.
Il a peur de tomber sur le Doc Mailloux.

La Cage aux Sports vient de lancer son combo
«Rêve de Julien». Un gros «beef» au centre
et aile très forte de chaque côté.

Clearasil vient de trouver un adolescent
avec un bouton à quatre trous.

Les croque-mitaines

Ce sont eux qui créent le stress général, le fond de scène de la vie qui conduit trop de gens à la dépression, au lithium et à l'insécurité. Qui sont-ils, ces croque-mitaines? Ceux qui répandent ces peurs qu'il faut avoir si on est branchés, informés ou conscientisés. Peur de quoi?

De boire l'eau du robinet.
De manger un hamburger saignant.
Du beurre, des patates et du sel.
De vous faire bronzer.
Des pets de vaches qui détruisent l'ozone.
Des acariens dans le tapis.
De la fumée de cigarette du voisin.
Que le fonds de pension soit vide lorsque arrivera votre retraite.
Des terroristes dans les avions.
Du cellulaire appuyé à quelques centimètres de votre cerveau.
De tomber encore une fois sur un répondeur.
De recevoir un virus par courriel.
De se retrouver à l'urgence d'un hôpital québécois.
De prendre le métro, le soir.
De la grippe, du rhume.
Que le dollar canadien baisse encore.

ENCORE?
Ajoutez à cela tous les cancers, les soûlons qui peuvent vous assassiner sur les routes, les pluies acides ainsi que les microbes sur les poignées de porte, et vous êtes prêt pour une bonne petite journée relaxe. Moi, stressé?
Veux-tu te battre, toué?

Répondeur de Revenu Canada:
«Nous ne pouvons vous répondre pour le moment.
Laissez votre nom, votre numéro d'assurance sociale
et votre numéro de téléphone, nous vous pognerons
dans les plus brefs délais.»

L'amour rend aveugle, mais le mariage rend la vue.

Le mensonge du jour: un party de bureau,
c'est ben plus le fun quand c'est accompagné.

Sergent Labrecque: «Hier soir, on a arrêté
un gars qui avait une dent contre la police.
À matin, i' a pus de dents...»

Claude Julien a puni Mike Ribeiro
parce que ses présences étaient trop longues.
Une chance qu'il n'a jamais coaché Jean Chrétien!

Cet après-midi, possibilité de débrayage
chez Urgel Bourgie. Les employés entendent faire
du piquetage à l'horizontale.

Les syndicats sont derrière moi.
La preuve, ils me suivent partout.

Jean Charest

L'alcool dans un party de Noël sert
à faire tomber sa gêne et,
avec un peu de chance, un soutien-gorge.

Mardi au Centre Bell, verdict nul...
et match aussi.

Moi, ceux qui sont contre la paix,
je leur casserais la gueule!

Conflit de travail chez Urgel Bourgie:
les nouvelles propositions seront exposées trois jours.
Après, on enterre ça.

On a noté la présence d'une arme de destruction
massive en Irak. Elle a visité ses troupes pour la
Thanksgiving et est rentrée à Washington ensuite.

Aux États-Unis, on annonce un budget
de 410 milliards pour la défense.
Pis les avants, eux autres?

Vu pour vrai. Une vingtaine de Hare Krishna qui,
vêtus de longues tuniques, disputaient
un match de volley-ball de plage.
«Pis, m'a dit Carole, Hare 11, Krishna 7.»

Michael Jackson se dit victime de racisme
depuis qu'il est blanc.

Défi de golf. Sur une boule
de 25 000 milles de circonférence,
avec l'aide d'un bâton, frapper une autre boule
grosse comme un œuf sans toucher la première.

Les garderies à cinq passent à sept.
Personnellement, je trouve ça trop vieux.

Michael Jackson

La lenteur de Michael Jackson à se rendre à la police
s'explique: de reculons, c'est plus long.

Un comité formé vitement sur la plage
conclut qu'en République dominicaine,
il y a quatre fois moins de seins au silicone
que sur les plages de la Floride.
(Statistique non officielle mais tripante à vérifier.)

Si vous voulez fuir la pression,
venez en République dominicaine.
Même dans le robinet de notre salle de bain,
depuis hier, il n'y en a plus.

C'est injuste. Le maire d'Edmonton a organisé
un match de hockey dans un stade de football
et personne ne l'écœure.

Le maire Tremblay

Les modèles réduits sont toujours des cadeaux
populaires… excepté dans les *sex-shops*.

La grosse malchance, c'est lorsque
dans un *blind date* tu tombes sur ton ex.

Question: entre Ti-Mé Paré de *La p'tite vie*
et le Doc Mailloux, qui a copié qui?

Lors de la perquisition chez Michael Jackson,
on a trouvé du rouge à lèvres sur une de ses chemises.
Après vérification, c'était le sien.

Au sujet du classement des écoles secondaires.
Est-ce que celle qui a terminé au dernier
rang aura, en juin, le premier choix
parmi les étudiants qui arriveront du primaire?

À noter qu'en raison du conflit à la STM,
les usagers ne pourront ni se faire voler
ni manger une volée entre 18 h et 23 h.

Les gains de loterie taxés, ça veut-tu dire
que si je gagne un billet gratuit,
je dois de l'argent au dépanneur?

Un habitué de se faire f…

Le club échangiste *L'Orage* cherche
une thermopompe pour son party de bureau.

Nous ne payons plus l'Hydro depuis que le psy
nous a dit qu'on avait des *breakers* de sautés.

Les Denis Drolet

Depuis qu'il a son buste, Jean Lapierre
ne voit plus les pigeons du même œil.

Le coût dans les garderies pourrait passer
de 5 à 7 dollars. Le ministre l'a admis hier
au cours d'un 5 à 7.

Invitation pour l'ouverture d'un nouveau magasin
de meubles. Au menu: petits fours et canapés.

Le Doc Mailloux: le mouton gris de la radio.

La différence entre George W. Bush et une bouteille de bière? Aucune. Les deux sont vides en haut du col.

Ça va mal dans ta vie quand, dans ton horoscope, on te conseille de ne pas lire ton horoscope.

LE PSY À L'ÉCOUTE

Patient: Docteur, tout le monde passe son temps à m'insulter.
Docteur: Pauvre con!

Patient: Docteur, je me prends pour un jeu de cartes.
Docteur: Va falloir vous brasser, un peu!

Patient: Docteur, j'ai un problème, les gens m'ignorent complètement!
Docteur: Au suivant!

Patient: Docteur, je suis obsédé par l'automobile.
Docteur: Vous avez bien fait de me klaxonner. Je vais vous aider à mettre les freins.

Patient: Docteur, j'ai souvent l'impression que les gens se foutent de ce que je dis.
Docteur: Puis après?

Patient: Docteur, j'ai la certitude d'être un grand incompris.
Docteur: La jambe gauche ou la jambe droite?

Patient: Docteur, j'ai tendance à paniquer facilement.
Docteur: Wow! Les nerfs, là! C'est mieux de pas t'arriver icitte parce que j'appelle la police, l'ambulance puis les pompiers.

Patiente: Docteur, j'ai presque pas de seins.
Docteur: C'est normal, mon garçon.

Patient: Docteur, j'arrête pas de penser au sexe.
Docteur: Depuis combien de fesses?

Patient: Docteur, j'ai une fixation sur l'astrologie.
Docteur: Ah oui? C'est quoi, votre signe?

Patient: Docteur, je suis gai.
Docteur: Ah oui? Ça te rend triste, mon beau garçon?
Viens me chuchoter ça dans l'oreille.

Plusieurs avocats sont fébriles.
Les partys de bureau s'en viennent.

Pour leur procès dans l'affaire
de la prostitution juvénile, procès déménagé de
Québec à Montréal, les accusés ont pris la 20 ou la
40...
eux qui s'étaient habitués à la 16 ou à la 17.

Connaissez-vous un seul, mais un seul chien,
qui s'appelle Fido?

Enfin, c'est réglé, nous aurons les Jeux gais en 2006.
Souhaitons que le reste des pourparlers se passe
dans un climat serin.

On échange? Le procès de prostitution juvénile
déménage de Québec à Montréal et celui des Hell's
devrait s'en aller à Québec. Ça ferait moins loin
quand un ministre veut intervenir.

De vendeuse de tapis, elle est devenue prostituée
et continue de charger tant de la verge.

Nouvelle statistique: 20 % des enfants américains
sont obèses. Les autres sont gros.

Six buts en quatorze matchs.
Tous les défenseurs de la LNH veulent savoir
qui a opéré le poignet de Souray.

Avis aux pirates d'Internet: je sors mon nouveau CD
lundi et il sera disponible dès la semaine passée.

Prévoyez de l'attente dans les cliniques et CLSC
de Montréal, aujourd'hui.
Un avion de Royal Air Maroc arrive vers midi.

L'armée américaine veut introniser George W. Bush
au Tank de la renommée.

Playboy fête ses 50 ans. Beaucoup de retombées
depuis ses premières parutions.

Vrai que les joueurs du Canadien n'ont pas baissé
les bras. Et si on regarde les derniers matchs,
ils ne les ont pas levés souvent non plus.

Je ne suis pourtant pas un motard criminalisé
et j'ai aussi été victime de l'Opération Ouragan.

Un gars qui vient de divorcer

Un éléphant rencontre une chamelle.
— Veux-tu m'expliquer pourquoi tu as
les deux seins sur le dos?
— Ça fait drôle de se faire dire ça par quelqu'un
qui a le pénis dans la face.

La stratégie de l'armée canadienne,
c'est de montrer nos jeeps aux ennemis
et de sauter dessus pendant qu'ils rient.

Après un Chinois, on songe à envoyer un Raëlien
dans l'espace. Et si ça marche, on les envoie tous.

C'est à la suite d'un discours de deux heures prononcé
par Jean Chrétien que les parlementaires canadiens
ont décidé d'interdire le clonage humain.

Comment savoir que vous allez passer
une mauvaise journée? Quand votre klaxon
reste coincé alors que vous suivez une bande
de Hell's Angels sur l'autoroute.

Dans le livre de Gilles Latulippe

Une autre de Gilles Latulippe?
Définition de l'amour: l'affaire dans la main,
la main dans l'affaire et l'affaire dans l'affaire.

Il n'y a pas que Patrick Roy à qui cela arrive.
Sans doute pour souligner ma ténacité
à payer mes comptes en retard,
Bell songe à retirer mon numéro.

Confirmé par un déneigeur distrait:
«Oui, une Mini Cooper, ça passe dans une souffleuse.»

Bravo au maire de Montréal et à son chauffeur.
Les deux hommes sont intervenus lorsque des truands
tentaient de voler un étudiant. Belle preuve
de courage, M. Gérald Tremblenegger.

Claude Julien trouve anormal que la quatrième ligne
soit la meilleure. On voit qu'il a jamais sniffé.

Les gars en d'dans

Raël serait sur le point de se lancer lui aussi
dans la téléréalité et parle d'*Occupation triple*.

Jane Stewart, ministre de Développement
des Ressources humaines à Ottawa,
devient le cinquième membre du Cabinet Chrétien
à avoir accepté une invitation au camp de pêche
de la riche famille Irving du Nouveau-Brunswick.
Interrogée afin de savoir si elle avait pris beaucoup
de poissons, la ministre aurait répondu par
l'affirmative. Elle a gagné deux élections depuis.

Je l'imagine au ciel. Le prof Lebrun doit trouver
ça bizarre de voir les nuages à ses pieds.

Peut-être que les enfants américains ont l'air obèse
parce qu'ils sont trop habillés.

Un évêque de Boston qui s'essaye

J'ai essayé le *body-piercing*.
Je vous le déconseille fortement.

Le Bonhomme Michelin

Nicole Kidman veut changer de sexe.
Moi aussi, d'abord.

Doit-on considérer le Viagra
comme une drogue dure?

Si le «oui» avait gagné en 1995,
Jean Chrétien aurait déployé l'armée. Elle serait
arrivée en 1999 à l'Île-du-Prince-Édouard.

Lucien Bouchard et Jacques Parizeau sont
dédommagés de 100 000 dollars après avoir été
traités d'Hitler. C'est beaucoup de $$.

L'Halloween

Déguisez-vous en Indien et présentez-vous au
Parlement de Québec. Vous allez voir, toutes les portes
vont s'ouvrir devant vous et vous en ressortirez les
poches pleines d'argent.

Vous voulez être de l'Halloween sans sortir de la
maison? Déguisez-vous en gouvernement fédéral.
Ouvrez et ne donnez que des peanuts.

En passant, l'an dernier à l'Halloween, j'ai vu un
député libéral tellement bien déguisé qu'il avait l'air
honnête.

Quelques membres du Cabinet Martin ont l'intention
de se déguiser en fantômes, aujourd'hui. Question
d'être transparents une fois de temps en temps.

Jojo Savard se déguise en sorcière. Elle enlèvera un
peu de maquillage.

Attention! L'an dernier, à l'Halloween, dans le bas de la
ville, un *junky* a trouvé une pomme dans son aiguille.

La Saint-Valentin

Comme chaque année, le maire Tremblay a soupé à la chandelle et, comme chaque année, aujourd'hui, il a une indigestion de cire.

Éric Lapointe a reçu un beau tapis en forme de cœur fait avec des bouchons de bière.

Plusieurs femmes ont reçu le nouveau vibrateur le plus fidèle à la réalité masculine. Il fonctionne six minutes et, ensuite, il ronfle toute la nuit.

Mon chum, lui (il ne veut pas que je le nomme), dit qu'il voulait passer la soirée avec l'être aimé, mais qu'il a finalement décidé de rentrer chez lui et de souper avec sa femme.

Moi, j'ai offert une carte à ma douce. Avec une date d'expiration dessus.

Même amoindri, Jean-Paul II accepte
toujours de faire un discours. Mais il aime se faire prier.

Gouvernement tellement corrompu
que le ministre du Revenu était payé
en dessous de la table.

Plusieurs joueurs de la LNH affirment
qu'il n'est pas prudent de faire l'amour le jour
d'un match. Surtout quand ils sont sur la route.

À Montréal, les punks ne savent pas
ce qu'ils veulent. Ils lavent les vitres le jour
et les pètent le soir.

Le Dalaï Lama est en visite à Paris.
Il va sûrement aller voir son frère Serge.

Dans son spectacle au Casino,
Alain Choquette a réussi plus de tours
que Jacques Villeneuve dans toute une saison.

«Hé! Les jeunes qui font Montréal-Québec en
69 minutes, vous me rappelez de bons souvenirs!»

Guy Chevrette

La trappe: le Canadien la joue,
Villeneuve se la ferme.

C'est dans nos séances d'observation
de l'anus avec un miroir que j'ai découvert
que je faisais encore de l'acné.

Un Raëlien souffrant d'hémorroïdes

Comment l'affiche «Ne marchez pas sur le gazon»
est-elle arrivée là où elle est?

Une danse à dix, c'est-tu cinq gars, cinq filles?

Un gars qui sort pas souvent

Tellement racistes à Hollywood, on a refusé
un Noir pour le rôle d'un Haïtien.

Aux échecs, c'est le cavalier qui protège le roi.
Chez le Lightning, c'est Roy qui protège Lecavalier.

Il y a eu tellement de brouillard, en fin de semaine,
Raël ne se souvient plus avec qui il a couché.

Message aux filles d'*Occupation Double*:
tout vient à point sur qui sait s'étendre.

Deux siamois reliés par la tête ont été séparés
avec succès. Autre victoire pour les défusionnistes.

Les Chinois réaliseront leur premier vol spatial habité.
Lancement dans le désert de Gobi demain et retour
à Brossard la semaine prochaine.

Le parc Safari est redevenu rentable.
Depuis qu'on s'est débarrassé des girafes,
les cous ont baissé.

Une défaite d'affilée. C'est le temps pour Gainey
de procéder à des changements.

La fille du ministre Bellemare peut bien
avoir envie de danser. Quand tu dis que ton père
a envoyé des milliers de personnes dans l'isoloir.

Si je comprends bien, le ministre Bellemare
avait fait son barreau et sa fille, son poteau.

Ça, c'est l'été indien! Il fait beau, il fait chaud,
et les cigarettes ne sont pas chères.

Slogan de Raël: Les hommes soumis,
les femmes sous moi!

Dans la téléréalité, il y a des numéros de téléphone
qui nous permettent d'appeler et d'éviter
ainsi que quelqu'un soit éliminé. Y a-t-il un numéro
comme ça pour le Canadien?

Un fan qui a peur

Schwartzemachin qui est élu,
c'est une très bonne nouvelle.
Au moins, il va être trois ans sans faire de film.

Si Youppi mange de l'ail,
pue-t-il du cou?

Jean-Paul II est contre le mariage des prêtres,
contre le mariage des prêtres gais,
contre la prêtrise des femmes, contre l'amour
avant le mariage, contre la sexualité entre conjoints
non mariés, contre la pilule, contre l'usage du condom.
J'imagine que ça donne rien de lui parler
d'une petite baise à trois de temps en temps.

Après *Occupation Double* à TVA et *Loft Story* à TQS,
ce soir, RDS commence une série de 82 émissions
dans laquelle 20 gars vivent dans un vestiaire et
essaient de ne pas s'éliminer eux-mêmes.

Jacques Villeuneuve a quitté la F-1 avant la fin.
Le reflet de ses années chez BAR.

KIA rappelle 400 000 véhicules à cause
de problèmes de freins. Pour les gens qui doivent
venir à Montréal, commencez à les pomper
à Saint-Hyacinthe.

Santé Canada dit que la cigarette tue lentement.
Ça tombe ben, chus pas pressé.

Pierre Falardeau

La Commission scolaire de Montréal va tolérer le pot.
Je suppose qu'après, les étudiants gais vont pouvoir
faire leur retenue ensemble.

Par respect pour les femmes, je voudrais m'excuser
auprès des pitounes, poupounes et greluches
à qui j'ai pogné les fesses.

Arnold

Je voulais féliciter le chien Squeak
qui a sauvé sa maîtresse en composant
le 911 à Longueuil. Malheureusement,
je suis tombé sur sa boîte vocale.

Tellement léger,
il déboule les marches en montant.

Un col bleu croyait avoir trouvé
de la pyrite chez lui. Mais non, c'est sa maison
qui faisait semblant de travailler.

Nouveau rêve américain:
aller magasiner sur Wallmars.

Nous pourrons nous considérer comme évolués…

… le jour où apparaîtra sur le marché le Nintendo qui fait faire les devoirs et sort les ordures.

… le jour où disparaîtront de la circulation les inefficaces séchoirs à main dans les toilettes publiques qui nous obligent à finir hypocritement la job sur nos pantalons.

… le jour où les ouvre-boîtes, coupe-ongles et autres gugusses du genre ne seront plus emballés sous vide dans une pellicule qui, pour être éventrée, requiert un exacto, lui aussi emballé sous vide.

… le jour où les toilettes de la station-service ne seront plus verrouillées à double tour.

… le jour où il sera facile de détacher un soutien-gorge d'une seule main.

Le plein et le cassé

Le plein soigne sa Rolls Royce.
Le cassé se soigne aux Rolaids.

Le plein assiste à des matchs de water-polo.
Le cassé parle du match avec son waiter, Paulo.

Le plein fait tout en privé.
Le cassé est privé de tout.

Le plein aime boire son vin.
Le cassé finit par boire son vingt.

Le plein a ses voyages.
Le cassé a son voyage.

Le plein adore le nudisme.
Le cassé est toujours tout nu.

Nouveau dans les autobus de Montréal
depuis l'arrivée du maire Tremblay:
«Reculez en avant.»

J'espère que je ne ferai pas le même rêve
que l'an dernier.

Un ours qui se prépare à hiberner

Après l'inhumation, les cendres
du Grand Antonio ont été transportées
dans deux autobus.

Comment faire crier simultanément «Maudite marde!»
par quatre femmes du troisième âge?
Tu cries: «Bingo!»

Si ça continue, ça ira plus vite énumérer
ceux qui ne se sont pas fait photographier
avec des motards.

Je ne suis pas offusqué que Pat Burns
soit associé à des motards. Ce qui m'inquiète le plus,
c'est qu'il sourit sur les photos.

Fausse, la rumeur voulant que Jean-Paul II
perde le nord. Il nomme des cardinaux.

Les défusionnistes ont eu gain de cause
parce qu'ils se sont unis!

En 2005, Wilfred a l'intention de se tenir loin
des caméras. C'est ce qu'il va nous raconter
lors de la première d'une série de 12 émissions
sur le *making of* de sa déclaration.

Le gibier est coriace à Val-d'Or.
J'ai vu un orignal qui revenait de la chasse
avec une Honda Civic sur le dos.

Normal que tout le monde soit informé
que Yasser Arafat a la grippe.
Quand t'as ton mouchoir sur la tête.

Bonne idée, *Juste pour rire*, dans les urgences
d'hôpitaux. Au moins, quand tu racontes une blague,
les gens ont six heures pour la pogner.

L'obésité frappe surtout les banlieusards.
Ça doit être pour ça que ça bloque à l'entrée des ponts.

Famille d'hier: sept enfants, une télé.
Famille d'aujourd'hui: sept télés, un enfant.

Le maire Tremblay a décidé de faire de la télé.
Ne soyez pas surpris si les postes commencent
à se mélanger.

Ça faisait du bien d'avoir des nouvelles
de Passe-Carreau. Passe-Partout, elle,
vivrait avec un serrurier.

Après ce qui s'est passé avec le bœuf canadien,
Carmen Campagne avait peut-être raison:
il faut tirer la vache.

Jacques Villeneuve, viens nous voir.
On a un volant pour toi.

La ligue de badminton de Berthier

L'idée de priver Montréal de voitures
pendant une journée serait de Bernie Ecclestone.

Un squeegee dit avoir apprécié la journée
sans voiture au centre-ville:
«Laver des lunettes, *man*, c'est ben moins long.»

La journée sans auto à Montréal a été un beau succès.
Tout le monde a pris le métro, sauf le maire Tremblay.
Lui, il a choisi le IGA.

C'est l'automne, il fait noir plus tôt. Belle occasion
pour tasser les feuilles chez le voisin.

Avant de fermer votre piscine, n'oubliez pas
de sortir le téteux de beau-frère
qui est peut-être encore dedans.

C'est ben drôle une journée sans auto,
mais essayez-en 364 autres.

Un gars qui s'est fait pogner dans un barrage

Les autorités américaines ont saisi le passeport
de Michael Jackson et vont maintenant
coller sa photo sur les paquets de cigarettes.

Attention! En raison de la vague de froid,
il n'y aura pas de colis suspects, aujourd'hui.
Tout est remis à lundi.

Le Comité du logement K-lisse

Il est peut-être normal de craindre
des attaques biologiques à l'aéroport PET.

Importante hausse du coût des cigarettes en France.
Je sens qu'ils vont avoir la visite de Air Mohawks.

Calembours

Docteur Vichy, il y a mademoiselle Montclair qui voudrait que vous l'opériez.

Une phrase avec «salaire»: Salaire que j'ai pus de job.

Le manuscrit est une feuille que le stylo habille.

Si Patsy Gallant mariait un jour Boule Noire, elle pourrait s'appeler Patsy Noire. Faut aimer le hockey pour penser à des choses comme ça.

Drogue douce pour les nains: le mini pote.

Un chien qui répond au téléphone: un Pitt-Bell.

On a complètement redécoré les bureaux de Via Rail. On veut que les locaux motivent.

Les gens qui font l'amour deux fois de suite ne paieront plus d'impôt. C'est ce qu'aurait confié le ministre du Re-venu.

L'obèse américain ne se contente pas de plaire, il «replet».

Pour les clubs échangistes, est-ce le temps de la rentrée?

Les détails sur le nouveau resto où l'on pourra fumer du pot dans le document 6 joints.

Des producteurs d'Hollywood ont approché Guy A. Lepage pour faire une version américaine: «Un gras, une fille.»

Entendu dans le Village: «Moi, j'ai trouvé ça très sensuel quand Madonna et Britney Spears se sont embrassées sur la butch.»

Mom Boucher lancerait sa ligne de vêtements. Disponible aux Hell's de la Mode.

Au Lac-Saint-Jean, on présente, en duo, le spectacle de Richard Abel et Richard Huet. Le show Abel-Huet.

On a enfin l'explication de l'effondrement
soudain de l'équipe canadienne au championnat junior
de hockey. Les gars ont manqué de pilules
au début de la 3ᵉ.

Dans le temps des fêtes, on voulait jouer à la chaise
musicale au party des fonctionnaires.
Ça n'a pas marché, c'est un jeu de ministres.

À ceux qui ont une nouvelle blonde
avec un piercing sur la langue:
«Attention, il est dangereux de *frencher*
en bas de moins 10 degrés.»

Ce serait Claire Lamarche et le Mouvement
Retrouvailles qui auraient trouvé les origines
de la vache folle américaine.

Plus de 800 millions pour prendre des photos
de cratères sur Mars. J'espère que les doubles
sont gratuits.

La seule chose qui peut garder les libéraux
longtemps au cabinet, c'est la gastro.

Un bloquiste

Les Américains parlent d'un virage à droite.
Leurs canons tourneront de l'Irak
vers la Corée du Nord.

Ben Laden serait sur le point de sortir un coffret
comprenant tous ses vidéos depuis deux ans.

En 2004, les pétrolières songent
à descendre les prix. Elles vont mettre
les affiches au bas du poteau.

Dans sa nuit de noces, le nouveau mari de Britney
Spears s'est senti un peu à l'étroit dans son
nouveau lit. Surtout lorsque Madonna est arrivée.

La nouvelle cassette de Ben Laden parle encore
de violence. Il en a «détonne» de copies.

Merci aux restos du mont Tremblant qui,
durant la période des fêtes, ont laissé les hot-dogs
à sept dollars seulement.

À vendrrre, mashine à écrirrr avec klavvvié
légjjjèrement endommagéééé. On rejoint
I%ggggafston au?& 552@d4%6.

À vendre: vélo stationnaire avec siège de bébé.

Homme récemment divorcé cherche femme
avec ameublement complet.

Une étude démontre que nous buvons
plus d'alcool qu'avant. C'est rien, ça.
Attendez qu'on gagne la coupe Stanley!

Je ne sais pas qui est vraiment le plus fort.
Je laisse souvent ma tête se battre avec mon cœur
et c'est ce dernier qui gagne toujours.
Mes ennemis disent que je n'ai pas de tête,
mes amis savent que j'ai du cœur.